Gertrude Stein
Was ist englische Literatur

Gertrude Stein

Was ist englische Literatur

Vorlesungen

Aus dem Amerikanischen von
Marie-Anne Stiebel

Arche

Dieses Buch wurde 1965 gedruckt und 1985 in einer einmaligen Sonderausgabe aufgebunden.

Die Originalausgabe erschien 1935 u. d. T. *Lectures in America*

Umschlag: Max Bartholl, Frankfurt
Umschlagfoto by Courtesy Yale Collection of American Literature
Bindung: Großbuchbinderei Eibert AG, Eschenbach
Printed in Switzerland
ISBN 3-7160-2023-0

FÜR BERNARD
DER TROSTREICH UND ERMUTIGEND
ZUHÖRTE
WÄHREND DIESES GESCHRIEBEN WURDE

Gertrude Stein

INHALT

9 Vorwort von Marie-Anne Stiebel

13 Was ist englische Literatur
53 Bilder
83 Theaterstücke
119 Porträts und Wiederholung
157 Poetik und Grammatik

VORWORT

D*er Buchveröffentlichung von* Lectures in America *in deutscher Sprache geht die Publikation von drei Essays aus diesem Werk:* Bilder, Was ist englische Literatur *und* Poetik und Grammatik *voran; sie sind in der Zeitschrift* Die neue Rundschau *im S. Fischer Verlag erschienen. Der gesamte Umfang des Buches* Lectures in America *besteht aber noch aus den Essays* Porträts und Wiederholung, Theaterstücke *und* Das allmähliche Werden vom Werden der Amerikaner. *Dieser Essay ist eine theoretische Erörterung von Problemen, mit denen sich Gertrude Stein während der Niederschrift ihres Buches* The Making of Americans *auseinandersetzte. Da dieses Werk selbst im Original schon lange vergriffen ist und nicht ins Deutsche übersetzt wurde, haben sich Verleger und Übersetzer nicht entschließen können, diesen Essay in die vorliegende Ausgabe aufzunehmen.*

Wie Gertrude Stein in ihrem Schaffen immer strenger und folgerichtiger wurde und sich dennoch gegen keine neue Einsicht und Möglichkeit verschloß: «... auf jeden Fall ist das die Art wie ich es empfinde und das ist alles was ich weiß und ich glaube an alles wissen was ich weiß über Prosa und Poesie ...», so erging es auch dem Übersetzer, indem er durch seine wachsende Vertrautheit mit den Werken von Gertrude Stein immer folgerichtiger ihre Intentionen erfaßte und zu verwirklichen suchte; vor allem was die Probleme der Interpunktion und Rechtschreibung betrifft. In den Einzelveröffentlichungen der Essays Bilder, Was ist englische Literatur *und* Poetik und Grammatik *behielt der Übersetzer noch das der deutschen Sprache bisher gewohnte Bild der Satzzeichen bei. Inzwischen und besonders nach der Übertragungsarbeit des sich mit diesen Fragen grundsätzlich befassenden Essays* Poetik und Grammatik *hält es der Übersetzer für angezeigt, die Interpunktionen aus dem amerikanischen Original weitgehend in die deutsche Übersetzung zu übernehmen.*

Hier folgen nun einige Sätze aus dem Essay Poetik und Grammatik, *die das Credo von Gertrude Steins Ansichten über Interpunktion und Rechtschreibung wiedergeben.*

«Als ich zuerst zu schreiben begann, fühlte ich daß schreiben weitergehen sollte, ich fühle immer noch daß es weitergehen sollte aber als ich zuerst zu schreiben begann, war ich völlig besessen von der Notwendigkeit daß schreiben weitergehen sollte und wenn schreiben weitergehen sollte was hatten Doppelpunkte und Strichpunkte damit zu tun, was hatten Kommata damit zu tun, was hatten Punkte damit zu tun was hatten kleine und große Buchstaben damit zu tun mit dem weitergehen des schreibens was damals das tiefste Bedürfnis war das ich im Zusammenhang mit schreiben hatte.»

«Punkte haben ein eigenes Leben eine eigene Notwendigkeit ein eigenes Gefühl eine eigene Zeit. Und jenes Gefühl jenes Leben jene Notwendigkeit jene Zeit kann sich selbst ausdrücken in einer unendlichen Mannigfaltigkeit das ist der Grund warum ich Punkten immer treu geblieben bin so sehr daß ich wie ich sage kürzlich gefühlt habe daß man sie nötiger haben könnte als man sie je gehabt hatte.»

«Strichpunkte und Doppelpunkte hatten für mich von Anfang an vollkommen diesen Charakter den Charakter den ein Komma hat und nicht den Charakter den ein Punkt hat und daher und endgültig habe ich sie nie benutzt.»

«Eine Frage ist eine Frage, jeder kann wissen daß eine Frage eine Frage ist und warum dann das Fragezeichen hinzufügen wenn sie bereits da ist im geschriebenen.»

«Wie ich sage, sind Kommata servil und sie haben kein eigenes Leben und ihre Benutzung ist ohne Nutzen, es ist eine Art das eigene Interesse zu ersetzen und ich habe es entschieden gern mein eigenes Interesse gern zu haben mein eigenes Interesse an dem was ich tue. Ein Komma einem weiterhelfend indem es einem den Mantel hält und die Schuhe anzieht, hindert einen daran das eigene Leben zu leben so aktiv wie man es führen sollte und für mich war während vieler Jahre und ich empfinde es immer noch in dieser Weise nur

zolle ich ihm jetzt nicht mehr so viel Aufmerksamkeit, der Gebrauch von ihnen wahrhaft entwürdigend.»

«Wir haben immer noch große und kleine Buchstaben und werden sie wahrscheinlich noch eine Zeitlang haben aber tatsächlich geht die Tendenz immer mehr dahin große Buchstaben seltener zu benutzen und das ist ganz richtig weil das Gefühl das sie begleitet weniger und weniger ein Gefühl ist und so werden langsam und unvermeidlich genau wie Pferde große Buchstaben verschwunden sein.»

Marie-Anne Stiebel

WAS IST ENGLISCHE LITERATUR

Man kann nicht oft genug auf die Frage zurückkommen was ist Wissen und auf die Antwort Wissen ist was man weiß.

Was ist englische Literatur das heißt was weiß ich darüber, das heißt was ist es. Was ist englische Literatur. Unter englischer Literatur verstehe ich auch amerikanische Literatur.

Wissen ist das was man weiß und wie kann man mehr wissen als man weiß. Aber ich weiß sehr viel über Literatur über englische Literatur über amerikanische Literatur.

Es gibt sehr viel Literatur aber nicht so viel daß man sie nicht kennen kann. Und das ist das Angenehme das Wunderbare das Faszinierende das Friedliche an Literatur daß es sehr viel davon gibt und daß man sein ganzes Leben lang alles davon kennen kann.

Man kann alles davon kennen und man kann es sein ganzes Leben lang kennen und in jedem Augenblick seines Lebens kann man alles davon kennen. Da ist es direkt in dir direkt in deinem Innern direkt hinter dir. Vielleicht vor dir aber das weißt du nicht. Natürlich ist mehr oder weniger richtig von englischer Literatur gesagt worden daß bis vor ungefähr fünfzig Jahren fast alle zehn Jahre ein erstklassiger englischer Schriftsteller erschienen sei, seit jener Zeit hat sie sehr vieler Hilfe bedurft um nicht gar durch amerikanische Literatur ersetzt zu werden. Und so sage ich man kann in jedem Augenblick seines Lebens alles von englischer Literatur in sich haben und hinter sich und was man noch nicht weiß, ist ob es vor einem ist, man weiß nicht ob es noch weiter mehr davon geben wird. Immerhin höchst wahrscheinlich wird es, wird es auf jeden Fall weiter mehr amerikanische Literatur geben. Sehr wahrscheinlich.

Auf jeden Fall ist es eine Freude zu wissen daß es so viel englische Literatur gibt und daß sie in jedem jedem Augenblick unseres Lebens ganz in uns ist. Auf jeden Fall ist sie ganz in mir. Auf jeden Fall das ist was ich weiß. Und nun was ist es das ich über englische Literatur weiß die in mir ist, die vollkommen in mir ist in jedem Augenblick meines Lebens. Englische Literatur ist seit langer Zeit mit uns gewesen, ziemlich viele hunderte von Jahren, und während dieser ganzen Zeit hatte sie sehr viel zu tun und hatte auch sehr viel nicht zu tun.

Das als ganzes könnte in ein paar Sätzen gesagt werden aber es ist notwendig es erheblich länger zu machen. Jeder, sogar ich, kann diese Notwendigkeit verstehen.

Was hat sie zu tun gehabt und was hat sie nicht zu tun gehabt und wie unterscheidet man das eine vom andern, unterscheidet man das was sie zu tun gehabt hat von dem was sie nicht zu tun gehabt hat.

In englischer Literatur gibt es sehr viel Poesie und es gibt sehr viel Prosa und zuweilen haben Poesie und Prosa etwas miteinander zu tun und sehr oft nicht. Abgesehen davon hat es in englischer Literatur wieder und wieder die Frage gegeben, kann man Gott und dem Mammon dienen und die weitere Frage ob man es wenn man es kann, tun soll. Aber die wichtige Frage kann bleiben und bleibt was ist Gott und Mammon soweit es englische Literatur betrifft. Hat diese Frage mit Prosa und mit Poesie als beiden zu tun oder mit einem von beiden. Ich möchte mich damit eingehend beschäftigen weil darin die ganze Beschreibung der Gesamtheit der englischen Literatur liegt und weil damit und danach obschon nicht gänzlich daraus die amerikanische Literatur kommt.

Aber um mit irgendeinem Beginn zu beginnen wenigstens was ein Beginn ist.

Es gibt zwei Arten über Literatur als Geschichte der englischen Literatur zu denken, die Literatur wie sie Geschichte von ihr ist und die Literatur wie sie Geschichte von einem selbst ist. Jeder von uns und auf jeden Fall jene von uns die immer die Gewohnheit zu lesen hatten, haben unsere eigene Geschichte der englischen Literatur in sich, die Geschichte wie wir sie durch lesen kennengelernt haben. Dann gibt es die Geschichte wie die Engländer dazu kamen es zu machen. Jedermanns eigene Geschichte von englischer Literatur ist seine eigene bis er sie jemand anderem erzählt wie ich jetzt meine erzähle. Die Geschichte der englischen Literatur wie sie geschrieben wurde, ist englische Literatur-Geschichte und auch das wissen die meisten von jenen von uns die lesen müssen.

Dann gibt es auch noch die Geschichte des englischen Volkes von seiner englischen Literatur aber das ist dann schließlich seine Sache soweit es mich berührt, soweit es mich tief berührt, geht es mich nichts an.

Es ist ungeheuer wichtig zu wissen was einen angeht und was einen nicht angeht. Ich weiß daß ich in einem der mich zutiefst aufregenden Augenblicke meines Lebens ungefähr sechzehnjährig plötzlich zu dem Schluß kam mir nicht alles Wissen zu eigen machen zu wollen.

Und so ist es mein Anliegen wie englische Literatur in mir gemacht wurde und wie englische Literatur in sich gemacht wurde.

Was tut Literatur und wie tut sie es. Und was tut englische Literatur und wie tut sie es. Und welche Wege benutzt sie um zu tun was sie tut.

Wenn sie beschreibt was sie sieht wie tut sie es. Wenn sie beschreibt was sie weiß wie tut sie es und was ist der Unterschied zwischen dem was sie sieht und dem was sie weiß. Und dann gibt es auch das was sie fühlt, und dann gibt es auch das was sie hofft und wünscht und dann gibt es auch das was sie sehen würde wenn sie sehen könnte und dann gibt es das was sie erklärt. Um eines oder alle diese Dinge zu tun, müssen verschiedene Dinge getan werden. Die mei-

sten von ihnen werden ständig von Literatur getan. Und wie hat englische Literatur es getan.
Wenn man langsam mit englischer Literatur vertraut wird, gibt es zwei Dinge die einen zuerst nicht interessieren, Erklärungen, das ist ein Ding, und was es ist das gefühlt wird, das ist ein ander Ding. Die meisten Menschen haben wenn sie älter sind diese Dinge in Literatur am liebsten, jene von ihnen die sich mit englischer Literatur beschäftigen indem sie sie lesen.
Sie haben Erklärungen gern und sie möchten gerne wissen wie sie fühlten, wie sie fühlten durch das Fühlen der andern aber jedenfalls und vor allem wie sie fühlten.
Das was den Ruhm der englischen Literatur gemacht hat, ist Beschreibung einfache konzentrierte Beschreibung nicht von dem was geschehen ist noch von dem was man denkt oder wovon man träumt sondern von dem was existiert und so das Leben ausmacht das Insel-Leben das tägliche Insel-Leben. Es ist natürlich daß ein Insel-Leben so sein sollte. Was könnte eine Insel so sehr interessieren wie das tägliche das vollständige tägliche Insel-Leben. Und in den Beschreibungen den täglichen, den stündlichen Beschreibungen dieses Insel-Lebens wie es existiert und es existiert wirklich, ist englische Literatur von Chaucer an bis jetzt immer und immer so weitergegangen. Jetzt geht sie aus verschiedenen Gründen nicht so gut weiter, in erster Linie interessieren sie sich nicht so für ihr Insel-Leben weil sie kurz gesagt sich nicht so interessieren. Und zudem ist es nicht so sehr ein Insel-Leben.
Aber am Anfang und dann ging es endlos lange so weiter gab es gibt es die stetige Beschreibung des täglichen Lebens des täglichen Insel-Lebens. Das macht ein gutes Drittel des Ruhmes der englischen Literatur aus.
Dann gibt es die Poesie die ebenfalls von einem täglichen Insel-Leben kommt, weil angenommen daß ein tägliches

Insel-Leben ist was es ist und das englische tägliche Insel-Leben immer vollkommen das gewesen ist was es ist, es notwendig ist daß Poesie nicht ist was sie verlieren oder was sie fühlen sondern dasjenige ist mit dem sie eingesperrt, das heißt eingeschlossen sind in das tägliche das einfache tägliche Insel-Leben. Und so ist die Poesie Englands so sehr was sie ist, es ist die Poesie der Dinge mit denen jeder von ihnen in seinem täglichen, ganz und gar täglichen Insel-Leben eingeschlossen ist. So entsteht sehr schöne Poesie weil alles was mit einem eingeschlossen ist, singen kann. In andern Ländern gibt es die gleichen Dinge aber sie werden nicht erwähnt nicht erwähnt in jener einfachen intensiven bestimmten Weise die englische Poesie zu dem macht was sie ist.
Es ist leicht all das zu wissen.
So ist das etwas das verschiedene Gebiete der englischen Literatur zu dem gemacht hat was sie sind.
Und um wieder zu beginnen fortzufahren.
Wenn irgend jemand zu irgendeiner Zeit dazu kommt englische Literatur zu lesen, ist es absolut nicht notwendig daß er wissen muß daß England eine Insel ist, was man wissen muß und was man beim lesen wirklicher englischer Literatur weiß, ist daß das Geschriebene in sich selbst vollkommen enthalten ist.
Das ist einer der Gründe warum sich in der englischen Literatur weniger die Frage gestellt hat ob man Gott und dem Mammon dienen soll. Unvermeidlich mag man die Frage stellen ob es in Anbetracht des innern Seins der englischen Literatur Gott und Mammon gibt. Weil es eigentlich keine lebenswichtige Frage gibt Gott und Mammon betreffend und was was ist im Dienst der Literatur der englischen Literatur hat jeder Teil der englischen Literatur in einem ganz und gar ungewöhnlichen Ausmaß in sich selber existiert im Vergleich zu anderen Literaturen das

heißt anderen modernen Literaturen und das verleiht ihr zugleich ihre vollkommene Zuverlässigkeit, ihre vollkommene Einbildungskraft, ihr vollkommenes Sein.
Als Kind war ich immer völlig fasziniert von dem Satz: der der rennt, kann lesen*. In England ist rennen und lesen eins weil jeder lesen kann, und da jeder lesen kann, macht es einen Unterschied wie und warum sie rennen. Nicht auf einer Insel. Tatsächlich falls sie rennen, sind sie dort dort wo sie lesen ebensosehr wie sie nicht dort sind.
Ich versuche nicht mir selbst sondern Ihnen ein Gefühl davon zu vermitteln wie ich englische Literatur in mir fühle.
Ich habe viel über die Frage Gott oder dem Mammon dienen, nachgedacht, und daß im Falle der meisten Völker, bestimmt bei Völkern die auf dem Festland wohnen es nicht möglich ist beides zu tun nicht beim machen von Literatur, denn in englischer Literatur hauptsächlich in englischer Literatur erhebt sich die Frage nicht, weil da das Insel-Leben das tägliche Insel-Leben so vollständig und täglich und ganz weitergeht, es keine Möglichkeit gibt, vorausgesetzt daß es ganz eingeschlossen ist und es ist es immer, es keine Möglichkeit gibt daß im Zufriedenstellen von irgendeinem es nicht das Zufriedenstellen von allen gibt und so gibt es keine Frage was den Dienst an Gott und Mammon betrifft.
Es gibt eine solch ungeheure Frage für jeden der auf dem Festland lebt und ist der Grund warum ich mich eingehend damit beschäftigen will wie englische Literatur mit amerikanischer Literatur zusammenhängt. Nicht daß sie wirklich zusammenhängt und doch nicht daß sie es nicht wirklich tut. Aber das wieder ist eine andere Sache.
Um wieder zu beginnen, nicht um wieder zu beginnen sondern einfach um festzustellen wie englische Literatur dazu

* Anm. d. Übers.: (Ein Blick im Vorübergehen enthüllt das Sein.) Laut Oxford Dictionary ist im Englischen der Sinn von *to run*, nicht mit beiden Füßen gleichzeitig auf dem Boden stehen.

gekommen ist, dazu gekommen ist in mir zu sein. Kurz was englische Literatur ist.

Wie ich sage, hat Beschreibung des vollständigen des ganz und gar vollständigen täglichen Insel-Lebens Englands Ruhm ausgemacht. Denken Sie an Chaucer, denken Sie an Jane Austen, denken Sie an Anthony Trollope, und das Leben der Dinge eingeschlossen in jenes tägliche Leben ist die Dichtung, denken Sie an all die lyrischen Dichter, denken Sie an das was sie sagen und was sie haben. Sie haben eingeschlossen mit sich in ihrem täglichen Insel-Leben jedoch ganz und gar eingeschlossen mit sich all die Dinge die nur aufgezählt Dichtung machen, und sie können und zählen auf und sie kann und macht Dichtung, diese Aufzählung. Das ist alles eine Seite der englischen Literatur und tatsächlich jeder weiß, wo es gedeiht, das tägliche Leben das vollständige tägliche Leben und die Dinge eingeschlossen in jenem vollständigen täglichen Leben.

Die Dinge die eingeschlossen sind, sind frei und das macht mehr Dichtung so sehr viel mehr Dichtung. Es ist sehr leicht zu verstehen daß in England soviel Dichtung geschrieben worden ist.

Auf einem Kontinent sogar in kleinen Ländern auf einem Kontinent, ist das tägliche Leben natürlich ein tägliches Leben aber es ist nicht so in sich enthalten wie auf einer Insel und das macht einen riesigen Unterschied, und ich bin ganz sicher daß sogar wenn Sie es nicht so sehen jeder sieht daß das wenn es die Wahrheit ist die Wahrheit ist. Wenn es die Wahrheit über englische Literatur ist, ist es die Wahrheit über englische Literatur.

Es ist eine verhältnismäßig frühe Sache englische Literatur als englische Literatur zu kennen für jene von uns die so natürlich lesen wie wir lesen das heißt wie wir rennen.

Es beginnt wenn es beginnt es beginnt mit Lambs Shakespeare-Erzählungen. Und wie sind sie das tägliche Insel-

Leben und das englische tägliche Insel-Leben. Aber sie sind. Und sie sind wegen ihrer Dichtung, und die Dichtung ist wegen der Wirklichkeit allen Lebens das eingeschlossen ist, so ganz und gar süß, so zart wirklich eingeschlossen in ihrem täglichen Leben.

Ich erinnere mich ich kann zwar nicht sagen ich erinnere mich aber ich fühle und ich fühlte als ob ich fühlte und mich erinnerte und erinnere mich daran.

Und in der Dichtung jener Zeit in ihrer Dichtung gibt es irgendeine Frage über den Unterschied in der Literatur zwischen ihrem Dienst an Gott und dem Mammon.

Ja vielleicht ein klein wenig zu jener Zeit. Sie wußten ihr Stil wußte daß es zwei Stile gab. Es gab einen Stil derart daß jene die rennen, lesen können und es gab auch einen Stil einen Stil derart daß jene die lesen nicht rennen. Sie brauchen nicht zu rennen weil es nichts mitzurennen oder davonzurennen gibt.

Das ist der Unterschied zwischen Gott dienen und dem Mammon dienen, und die Epoche nach der Zeit Chaucers bis zur Zeit von Pope, Gibbon, Johnson war solch eine Zeit. Und wie rennt man, wie rennt man nicht.

Wenn ich von Gott und dem Mammon dienen spreche, meine ich selbstverständlich nicht Religion in irgendeinem Sinn ausgenommen den Drang dasjenige zu vollenden was sich in jedem einzelnen zu erfüllen sucht. Und das mag zum Teil der Fall sein in einem oder es mag es nicht sein. Wenn es so ist dann ist es ein vollständiges tägliches Leben, wenn es nicht ist dann ist es es nicht.

Wie ich sage in jener Epoche von Chaucer bis Pope, Gibbon und Johnson und Swift, füllte eine große Anzahl Dinge jeden aus der ausgefüllt werden mußte, natürlich sind es nur jene die eine treibende Notwendigkeit verspüren vollständig vollendet zu sein für die all das eine Plage ist.

Wie ich sage, war während dieser langen Epoche das tägliche Insel-Leben da vollständig buchstäblich und täglich und einfach da, die Poesie der Dinge eingeschlossen in jenes tägliche Leben war da aber andere Dinge waren ebenfalls da und diese anderen Dinge waren zurückzuführen auf andere Ursprünge und alle diese Ursprünge waren zu jener Zeit gerade störend genug um es dem Stil möglich zu machen zu wissen daß es einen Dienst an Gott einen Dienst am Mammon gibt für jene die schreiben wie sie schreiben. Was können sie anderes tun.

Während dieser langen Epoche und es war eine lange Epoche, eine ausgesprochen lange Epoche ereigneten sich sehr viele Dinge in England und da sie sich innerhalb Englands ereigneten, zerstörten sie in einem gewissen Ausmaß das tägliche Insel-Leben oder verwirrten es zumindest.

Wenn die Verwirrung von außen an eine Insel herankommt, ist sie bald vorüber und wenn nicht vorüber dann aufgesogen, das ist es was im Anfang dieser Epoche der Normannischen Eroberung geschah, aber wenn die Verwirrung von innen kommt dann ist es eine sehr verwirrte Verwirrung weil es eine Verwirrung innerhalb des täglichen Insel-Lebens ist. Das ist es was in dem ganzen späteren Teil dieser langen Epoche geschah, der englischen Bürgerkriege, der Epoche von Chaucer bis Swift, Gibbon, Pope und Johnson und dann kam es wieder dazu ein tägliches Insel-Leben zu sein nur daß Dinge von der letzten Verwirrung übriggeblieben waren und das war dann die englische Literatur des achtzehnten Jahrhunderts und dann gab es das neunzehnte Jahrhundert und dann gab es keine Verwirrung mehr sondern ein vollständiges Zur-Ruhe-Kommen in dem täglichen Insel-Leben. Was außen war, war außen und was innen war, war innen, und wie konnte es eine Frage von Gott und Mammon geben, wenn das was innen ist innen ist und das was außen ist außen ist da kann es keine Verwirrung über Gott und Mammon geben.

Vielleicht und vielleicht nicht aber das ist jedenfalls ein Weg wie Leben gelebt werden kann, Literatur gemacht werden kann.
So beginnt die Geschichte von englischer Literatur klar zu werden, die Geschichte von englischer Literatur. Natürlich wenn die Engländer nicht das gewesen wären was sie waren, hätten sie nicht aus dem täglichen Insel-Leben die Literatur gemacht die sie machten. Das ist wahr genug. Alles ist wahr genug. Aber dieses ist es gewiß.
Das was vor Chaucer geschah, die Normannische Eroberung von außen kommend wie sie es tat, war eines jener Dinge die wie ich sage keine Verwirrung anrichten. Sie bringen Dinge für eine Weile in Unordnung aber sie verwirren sie nicht, eine ganz andere Sache. Und so als all das vorüber war, war dasjenige was englische Literatur noch zu tun hatte das Beschreiben des täglichen Insel-Lebens und Chaucer tat es, und das Gestalten der Poesie der in jenes tägliche Insel-Leben eingeschlossenen Dinge, und Chaucer tat es bestimmt. Jeder der weiß, kann sich bestimmt daran erinnern. Aber und das darf man nicht vergessen, es gab Wörter in jenem täglichen Insel-Leben die es vorher nicht gegeben hatte und diese Wörter verursachten obwohl sie keine Verwirrung verursachten Trennung.
Diese Trennung ist wichtig beim machen von Literatur, weil es so viele Wege für einen gibt sich selbst zu empfinden und jeder neue Weg hilft, und ein trennender Weg mag sehr viel helfen, tatsächlich er mag, er mag, er mag sehr viel helfen. Und dieser tat es.
Wie Sie wissen oder nicht wissen mögen, habe ich sehr viel Elisabethanische Prosa und Poesie gelesen und in dieser Zeitspanne fühlte ich den Höhepunkt von alldem. Da war keine Verwirrung aber es war immer noch Trennung übriggeblieben und diese übriggebliebene Trennung führte zu einer Spaltung im Schreiber von geschriebenem. Er wußte

daß es zwei Dinge zu tun gab und welches der Dinge hatte er zu tun. Es gab zu jener Zeit eine Wahl eine Wahl wie der Schriftsteller schreiben sollte. Und diese Wahl wenn es eine Wahl gibt, kann ein Schriftsteller fühlen und fühlt sie als eine Wahl zwischen Gott und dem Mammon dienen. Diese Wahl hat nichts zu tun mit Religion, sie hat nichts zu tun mit Erfolg. Sie hat mit etwas anderem als diesem zu tun, sie hat mit Erfüllung zu tun.

Wie ist irgend etwas erfüllt. Und wenn es es nicht ist, könnte es sein, und gibt es eine Wahl.

In der gesamten Elisabethanischen Literatur fühlt man dieses Etwas.

Da gibt es keine Verwirrung aber da gibt es eine Trennung und zu jedem der es tut das heißt schreiben, spreche ich von den Elisabethanern, zu ihnen selbst in ihnen, da gab es diese Störung.

Und es war natürlich daß diese Störung da sein sollte. Gott und Mammon, Gott und Mammon, sie war übriggeblieben und sie war da und in all den Elisabethanern war sie da diese Störung, diese Wahl, in jeder Minute ihres Schreibens. Es gab das tägliche Insel-Leben und es machte Poesie und es machte Prosa aber es gab auch diese Trennung und sie machte Poesie und sie machte Prosa aber die Wahl die Wahl war die Sache. In einem wirklichen täglichen Insel-Leben ist eine Wahl nicht die Sache. Es war die äußere Trennung die zu einer innern Trennung geworden war die diese Sache machte. Denken Sie darüber nach bei jedem Elisabethanischen, jedem Elisabethanischen geschriebenen, bei jedem Elisabethaner der schrieb.

Und Wörter hatten alles damit zu tun.

Und jetzt sollte ich vielleicht ein wenig deutlicher erklären was ich unter Gott und dem Mammon dienen in der Literatur verstehe das heißt als ein Schriftsteller der Literatur macht.

Wenn ich im Zusammenhang mit dem schreibenden Schriftsteller Gott und Mammon sage, meine ich daß jeder Wörter gebrauchen kann um etwas zu sagen. Und wenn er diese Wörter gebraucht um zu sagen was er zu sagen hat, kann er jene Wörter direkt oder indirekt gebrauchen. Wenn er diese Wörter indirekt gebraucht, sagt er was er von jemandem gehört haben will der zu hören ist und indem er das tut muß er unvermeidlich dem Mammon dienen. Mammon mag ein Erfolg sein, Mammon mag eine Anstrengung sein die er leisten muß, Mammon mag ein Vergnügen sein das er beim hören von dem hat was er selbst getan hat, Mammon mag seine Art zu erklären sein, Mammon mag eine Faulheit sein die nichts anderes braucht als weiterzugehen, kurz gesagt Mammon mag alles sein was indirekt getan wird. Nun, beim Gott dienen, macht es einem Schriftsteller der schreibt, der irgend etwas wirklich schreibt, nichts aus was es ist, aber es muß direkt sein, die Beziehung zwischen dem getanen Ding und dem der es tut muß direkt sein. Auf diese Weise gibt es Erfüllung und das Wesen der erfüllten Sache ist Erfüllung. Ich habe darüber sehr viel zu sagen gehabt in meinem Buch *Four in America*, im Abschnitt über das Leben von Henry James und ich werde jetzt nichts mehr darüber sagen. Aber langsam werden Sie sehen was ich meine. Wenn nicht warum nicht.

Aber um auf englische Literatur zurückzukommen.

Englische Literatur hatte, wenn sie direkt und vollständig das tägliche Insel-Leben beschreibt mit Chaucer und weitgehend bis heute, diese vollständige Eigenschaft von Vollständigkeit. Die lyrischen Dichter von England die die Dinge beschrieben die in jenes tägliche Insel-Leben eingeschlossen sind, hatten ebenfalls diese Unmittelbarkeit von Erfüllung.

Aber und das ist sehr wichtig, kurz vor und während der Elisabethanischen Epoche gab es eine andere Störung es gab Trennung, Trennung zwischen Erfüllung und Nichterfüllung und jeder wußte verschwommen von solch einem Etwas in sich.

Wenn Sie wollen, lag es daran daß die zwei Sprachen gerade im Begriff waren zu einer zu werden, es war wenn Sie wollen weil, obschon sie das tägliche Insel-Leben lebten, sie noch, ein beträchtlicher Teil von ihnen, noch eine Erinnerung daran hatten kein tägliches Insel-Leben gelebt zu haben. Und das verursachte eine merkwürdige Störung die jeder im geschriebenen fühlen kann, im geschriebenen eines jeden der während jener ganzen Zeit geschrieben hat. Und das ist eine genügend natürliche Sache.

Es ist in der ganzen Prosa und der ganzen Poesie jener langen Epoche. Es bewegt sich alles so sehr, und das ist seine charakteristischste Eigenschaft es bewegt sich alles so sehr, es bewegt sich auf und nieder vorwärts und rückwärts und nach rechts und links und um und um. Und das ist es was es so aufregend macht. Und auch was es in sich so trennend macht.

Wenn Sie im einzelnen an das Geschriebene von irgend einem denken der in jener langen Epoche schrieb, werden Sie wissen was ich meine. Denken Sie an den den Sie am besten kennen und Sie werden sehen was ich meine. Es gab keine Verwirrung wie ich sage die Schwierigkeit war von außen gekommen und war im Innern aufgesogen worden und im Prozeß des Aufsaugens wie es bei jeder gesunden Verarbeitung ist, gab es keine Verwirrung aber unvermeidlich gab es beim Vollzug der Verarbeitung Trennung.

Und das ist im geschriebenen sehr gut zu sehen und es gab sehr viel geschriebenes, in jener Epoche. Es war natürlich daß es sehr viel geschriebenes geben sollte weil Lebendigkeit und Wahl unvermeidlich sehr viel geschriebenes hervorbringen.

So gab es damals in jener Epoche ständig Wahl ständig Entscheidung und die Wörter haben die Lebendigkeit von ständigem gewählt werden.
Das ist es was die Literatur zu dem macht was sie ist.
Und da es während jener ganzen Epoche die Notwendigkeit von Wahl gab und die Lebendigkeit des wählens, gab es ebenfalls während jener ganzen Epoche die Notwendigkeit des vollendens. Warum dann wählen wenn es keine Vollendung geben soll. Und daher kannten sie kannten sie ganz gut den Unterschied zwischen Gott dienen und dem Mammon dienen, den Unterschied zwischen direkt und indirekt, den Unterschied zwischen Trennung und Vollendung. Sie wußten. Und sie wußten es wie sie es wußten. Auch das ist eine sehr wirkliche Sache. Und so obwohl es während jener ganzen Epoche das tägliche Insel-Leben gab, verarbeiteten sie daß es da war und nicht immer gewesen war.
Und das führte zu dem schreiben wie es damals jeder der schrieb, tat.
Dann kam die Epoche nach einer Epoche als sie nicht so sehr viel schrieben, weil zuerst alles verwirrt war die Störung des täglichen Insel-Lebens von innen gekommen, Englischer Bürgerkrieg, es war verwirrt, und dann kommen wir zum Beginn da alles wieder klar war und das tägliche Insel-Leben mit so viel Klarheit gelebt wurde daß es nichts anderes geben konnte als diese Sache die der Ausdruck davon war. Das war die Epoche die Swift und Gibbon und Pope und Johnson machte und sie mußten nicht mehr länger ihre Wörter wählen sie konnten sie mit großer Freude gebrauchen. Und das taten sie. Niemand erfreute sich jemals am Gebrauch dessen was er hatte mehr als sie. Es gab nirgends mehr Trennung, die Vollendung war im Gebrauch.
Wie man das sagt, fühlt man es.
Wie ich sage, besteht die Freude an Literatur darin daß man

alles in sich hat. Es ist die eine Sache die man ganz in sich haben kann.

Das macht Literatur, Wörter ob man sie wählt ob man sie benutzt, ob sie da sind oder nicht man benutzt sie und ob sie nicht mehr länger da sind selbst wenn man fortfährt sie zu benutzen. Und auf diese Weise ist ein Jahrhundert ein Jahrhundert. Ein Jahrhundert hat Wörter, ein anderes Jahrhundert wählt Wörter, ein anderes Jahrhundert benutzt Wörter und ein anderes Jahrhundert dann benutzt die Wörter die es nicht mehr länger hat.

All das wie man es in sich hat, entscheidet etwas, es entscheidet was man hat wenn man irgend etwas schreibt, es entscheidet was man vollendet wenn man irgend etwas vollendet, es entscheidet ob man etwas anspricht wenn man irgend etwas ausdrückt. Kurz es entscheidet was man tut wenn man im Begriff ist zu schreiben was man sicher tut, das heißt, was ich sicher tue.

Wie ich sage, hat also jedes Jahrhundert seine Eigenart und unter Jahrhundert kann man natürlich eine längere oder kürzere Zeit verstehen aber allgemein gesprochen, versteht man unter einem Jahrhundert im allgemeinen und fast immer annähernd hundert Jahre.

Und so obwohl und durch alles hindurch es in England in englischer Literatur die vollständige und direkte und einfache und wirkliche Beschreibung ihres täglichen Lebens gab, ihres täglichen Lebens wie sie es jeden Tag auf ihrer Insel lebten und das die wirkliche solide Basis des schreibens ausmachte und es auch immer die Beschreibung gab die ihre lyrische Dichtung machte die Beschreibung des ganzen täglichen Lebens von allem was eingeschlossen war in ihr tägliches Leben, all der Dinge die wachsen und fliegen und da waren um in ihrem täglichen Leben zu sein, in jedem Jahrhundert weil das Äußere dazu gekommen war nach innen zu dringen und als es zum Innern geworden war zum Innern wurde, oder weil das Innere Verwirrung verursachte im Innern oder weil die Entscheidung zum Innern das ganze Innere so endgültig machte als ob es niemals ein Äußeres gegeben hätte oder wiederum später, und das war im neunzehnten Jahrhundert als das Innere so fest verankert zum Innern geworden war daß alles Äußere außen sein konnte und daß das Innere dennoch ganz innen war, es in jeder Generation das Schreiben beeinflußte weil schließlich die Art in der man schreibt alles damit zu tun hat wo man ist insofern man irgendwo ist, und natürlich und unvermeidlich ist man irgendwo.

Nachdem so die ganze englische Literatur wieder einmal ganz in Ihnen oder in mir ist, lassen Sie mich sehen wie jedes Jahrhundert es tat so wie sie es sehen sollten, das heißt so wie sie es sagen sollten.

Es ist hübsch darüber nachzudenken wie anders jedes Jahrhundert ist und aus welchem Grunde. Es ist ebenfalls hübsch darüber nachzudenken wie anders die Wörter klingen eines neben dem andern in jedem Jahrhundert und aus welchem Grunde.

Es ist hübsch den Klang zu empfinden wie die Wörter eines neben dem andern so anders klingen.

Ich habe immer Bücher sehr gern gehabt mit kurzen Zitaten vor Beginn jeden Kapitels. Mir gefällt es besonders wenn die Zitate sehr verschiedenartig und viele von ihnen von mehr oder weniger bedeutenden Schriftstellern sind. Zuweilen gefällt es mir auch wenn die Zitate nur von einem oder zwei Schriftstellern sind. Es zeigt mit großer Klarheit wie Wörter eines neben dem andern klingen sogar die gleichen Wörter wenn das Jahrhundert ein anderes ist und der Schriftsteller ein anderer ist. Ich liebe es sehr auf diese Weise zu der Empfindung zu kommen wie vollständig das was geschrieben ist dazu kommt zu sagen was es sagt.

Aber um wieder damit zu beginnen was die verschiedenen

Jahrhunderte tun und wie sie es tun und vertraut wie es ist weil es alles so vertraut ist, ist es ganz anders. Englische Literatur ist also sehr zuverlässig, und ihre Wirklichkeit ist wirklich und ihre Dichtung sehr dichterisch. Und in jedem Jahrhundert änderte sie sich.

Ich kann mir Daten nicht sehr gut merken aber es gab allgemein gesprochen fünf Jahrhunderte und jetzt sind wir im zwanzigsten Jahrhundert was ein sechstes Jahrhundert ausmacht und dazu gehen wir nach Amerika. Und um nun zu beginnen. Das heißt um wieder zu beginnen mit irgendeinem von ihnen irgendeinem von ihnen von den fünfen der englischen Literatur.

Ich wünsche ich könnte Ihnen den Unterschied so deutlich machen von Wörtern Redewendungen und dann den allmählichen Veränderungen in jedem Jahrhundert und wie ich sie vor mir sehe. Ich wünsche ich könnte es. Ich wünsche wirklich ich könnte es. Weil wenn ich es könnte, gut dann würden Wörter und die Art in der sie das aussagen wozu sie sie gebrauchen keinen Unterschied machen oder nicht irgendeinen Unterschied oder den ganzen Unterschied.

Sie erinnern sich an Chaucer, selbst wenn Sie ihn nicht gelesen haben Sie erinnern sich nicht wie es aussieht sondern wie es tönt, wie einfach es tönt wie es tönt. Das ist wie ich sage weil die Wörter da waren. Sie brauchten noch nicht gewählt werden, sie brauchten nur wie bisher da sein nur da. Das macht einen Ton der sanft singt der sanft tönt aber tönt wie Töne. Es tönt wie Töne natürlich wie Wörter aber es tönt wie Töne. Es tönt wie Töne das heißt wie Vögel so gut, wie Wörter. Und das ist weil die Wörter da sind, sie sind nicht gewählt als Wörter, sie sind schon da. Das ist die Art wie Chaucer tönt.

Und dann kommt die lange Epoche. In jener langen Epoche gab es so viele Wörter die gewählt wurden. Jedermann war damit beschäftigt Wörter zu wählen. In der Poesie jener langen Epoche ebenso wie in der Prosa war jedermann lebhaft damit beschäftigt Wörter zu wählen. Und als die Wörter gewählt waren, waren die Töne sehr verschiedenartig. Und das ist natürlich weil jeder gern hatte was sie gern hatten. Sie kümmerten sich nicht so sehr um das was sie sagten obwohl sie wußten daß das was sie sagten sehr viel bedeutete aber sie hatten die Wörter gern, und ein Wort und ein anderes Wort neben dem andern Wort wurde immer gewählt. Denken Sie gut an die englische Literatur des sechzehnten Jahrhunderts und sehen Sie wie sie die Wörter wählten, sie wählten sie mit so viel Wahl daß alles das Lied machte das sie zu singen wählten. Es war nicht länger nur ein Lied es war ein Lied von Wörtern die gewählt waren um ein Lied zu machen das tönen würde wie die Wörter die sie singen sollten. Es hat keinen Sinn Beispiele anzuführen weil es auf alles zutrifft was damals geschrieben wurde. Wie sie so früh und oft so spät wählten und oft wie sie immerwährend wählten und wählen eine lebendige Beschäftigung war, hat man eine unendliche Vielfalt von Länge und Kürze von gewählten Wörtern, von Vokalen und Konsonanten von gewählten Wörtern und das ist die wichtige Sache es war das besondere Wort neben dem besonderen Wort dazu gewählt das nächste zu sein das war die wichtige Sache. Das machte den Ruhm aus der seinen Höhepunkt in dem fand was man elisabethanisch nennt. Man muß es nur im Kopf haben und gehen Sie dann und betrachten Sie es und Sie werden sehen müssen was ich meine. Es gab also keine Verwirrung, Dinge konnten lang sein das heißt Wörter eines neben dem andern konnten lang sein und weitergehen und sehr oft waren sie kurz die Wörter eines neben dem andern und sie gingen weiter aber sie waren kurz, aber jedes einzelne war wie es gewählt worden war. Es gab kein verlorengehen des wählens bei dem was sie sagten. Niemals nein niemals.

Verwirrung entsteht wenn sie verwirren was sie mit den

Wörtern sagen die sie wählen. Und sie wußten es. Sie wußten es, und ein wenig sieht man es kommen sogar beim späteren Shakespeare sieht man es ein wenig kommen daß Verwirrung da ist. Diese Verwirrung entsteht wenn ein Aufgeben des wählens da ist, Wörter eines neben dem andern sind nicht länger so streng gewählt weil Absicht besteht das was sie sagen mit mehr Nachdruck zu sagen statt die Wörter vollständig eines neben dem andern zu wählen die zu wählen sind.

Wenn das beginnt dann ist Verwirrung da.

Wie ich sagte, war am Ende der langen Epoche vor dem achtzehnten Jahrhundert Verwirrung da, war innere Verwirrung da. Etwas das alles bedeutet hatte, bedeutete etwas aber es bedeutete nicht länger etwas im alles bedeuten und sie alle begannen zu denken was sie sagen wollten und wie sie es sagen wollten.

In der Minute in der sie alle zu denken beginnen was sie sagen wollen und wie sie es sagen wollen, wählen sie nicht mehr. Und wenn sie nicht mehr wählen dann dienen sie soweit es schreiben betrifft nicht mehr Gott sie dienen dem Mammon. Ganz gleich was es ist oder wie schön es ist oder wie religiös es ist das was sie sagen wollen.

Was hat es für einen Sinn wenn nicht jeder weiß was ich sagen will und was hat es für einen Sinn wenn jeder alles wissen will was ich sagen will.

Nun immerhin begannen sie am Ende der großen Epoche mehr daran zu denken was sie sagen wollten wie auch wie sie es sagen wollten. Vielleicht sollte das umgekehrt werden, sie begannen mehr daran zu denken wie sie etwas sagen wollten wozu sie sich entschlossen hatten zu sagen als daran zu denken Wörter zu wählen die sagen sollten wozu sie die Wörter wählten um etwas zu sagen, die Wörter eines neben dem andern um zu sagen.

Das ist ziemlich genau das was ich sagen will.

Und so kommen wir zu der Verwirrung von der ich sprach und die sich bei Milton zeigt und ungefähr bis zu Pope und Gibbon und Swift und Johnson dauerte.
Dann klärte sich wie ich sage die Verwirrung. Niemand interessierte sich mehr wirklich für das was irgend ein anderer sagte. Sie wählten nicht mehr die Wörter damit eines neben dem andern sei aber sie wählten und wählten deutlich all die Wörter die zusammengehören sollten.
Zu dieser Zeit gab es keine Verwirrung und kein Interesse an dem was es zu sagen gab noch wie sie es sagen sollten. Es gab keine Verwirrung. Es gab wählen aber es gab das Wählen von etwas vollendetem und da es keine Vollendung gab im gewähltsein so sehr seiend wie es da war um zu wählen schon etwas vollendetes seiend, hatten sie natürlich innen in sich keine Trennung, nichts war von irgend etwas getrennt. Das ließ alles so deutlich kommen wie es kam, das machte alles so vollendet wie es war, das machte es zu einem gewählten Ganzen, und so waren die Wörter nicht eines neben dem andern aber all die Wörter wie sie eines dem andern folgten, waren alle zusammen.
Und das war all das.
Wenn Sie an die englische Literatur des achtzehnten Jahrhunderts denken, werden Sie sehen wie klar es war. Aber vergessen Sie nie daß es immer ein Insel-Leben war das sie lebten und jenes tägliche Insel-Leben lebend, beschrieben sie täglich jenes tägliche Insel-Leben.
Sie schrieben sehr viel.
Und nun kam langsam etwas. Das tägliche Insel-Leben war noch das tägliche Insel-Leben, es mochte es mehr sein denn je, weil allmählich etwas vollendetes nichts war das jemanden zu wählen interessierte, weil alle sie alle lebten wie sie ihr tägliches Insel-Leben nur leben konnten und sie kamen dazu alles zu besitzen, und so obwohl sie nichts das sie besaßen dazu brachten innerhalb des Insel-Lebens zu sein,

wie sie jedes Ding außerhalb besaßen und nichts davon nach innen brachten, waren sie natürlich nicht länger daran interessiert vollendete Dinge zu wählen. Das war der Beginn des neunzehnten Jahrhunderts.

Jeder kann verstehen wie natürlich das ist.

Wenn man ein tägliches Insel-Leben lebt und es jeden Tag lebt und alles besitzt oder genug um es alles zu nennen außerhalb der Insel ist man natürlich nicht an Vollendung interessiert, sondern man ist natürlich daran interessiert zu erzählen wie man alles besitzt. Aber natürlich ist man vollständiger daran interessiert das tägliche Insel-Leben zu beschreiben, weil je vollständiger man das tägliche Insel-Leben beschreibt man um so sicherer und fester alles besitzt das man besitzt was praktisch alles ist was man alles und jedes nennen könnte.

O ja Sie sehen es.

Sie sehen das.

Und was hat es mit schreiben zu tun.

Es hat sehr viel mit schreiben zu tun.

Und in diesem Jahrhundert in diesem neunzehnten Jahrhundert konnte alles eine Störung sein und war es.

So nun sehen Sie daß bis zum neunzehnten Jahrhundert eine Anzahl von Dingen gewesen und vergangen war und jedesmal wenn etwas gewesen und vergangen war, hatte es sehr viel geschriebenes gegeben. Das ist wiederum unvermeidlich in einem täglichen Insel-Leben, wenn sie überhaupt schreiben, schreiben sie sehr viel. Entweder ist nichts wert daß man darüber schreibt oder alles ist wert daß man darüber schreibt. Das kann jeder verstehen.

Und das tägliche Leben war es immer wert daß man darüber schrieb und so schrieben sie immer sehr viel. Was sonst konnten sie tun. Angenommen daß sie dieses tägliche Insel-Leben lebten und es jeden Tag verwirklichten und jeden Tag eingeschlossen waren mit all jenem täglichen

Insel-Leben jeden Tag, was konnten sie tun als es jeden Tag sagen und es jeden Tag sagend, schrieben sie es jeden Tag sozusagen jeden Tag.
Es hatte also wie jeder weiß damals sehr viel englisches Schrifttum gegeben sehr sehr viel englisches Schrifttum, und es war Poesie und es war Prosa.
Der Gebrauch von Wörtern ob die Wörter da waren wie bei Chaucer, ob sie lebendig gewählt waren um eines neben dem andern zu sein eines neben dem andern wie in der langen Epoche danach, und es wurden so viele Wörter gewählt während jener langen Epoche so viele Wörter gewählt um eines neben dem andern zu sein daß es niemals eine größere Freude geben kann.
Am Ende jener langen Epoche als die Wörter gewählt um eines neben dem andern zu sein allmählich gestört wurden durch die Absicht wie etwas gesagt werden sollte eher als etwas das etwas anderes war als jenes etwas, und wie war die Art wie sie beschlossen hatten in der es gesagt werden sollte. Das war die Epoche von Mode und Verwirrung die Epoche der Restauration.
Und dann kam die Zeit danach als alles so vollkommen war daß wählen oder nicht wählen wirklich keine Störung war. Sie wußten was tun weil alles so gut getan war.
Und dann kamen die Napoleonischen Kriege und England kam dann dazu alles zu besitzen. Und was geschah.
Wie ich sage was geschah, war daß das tägliche Insel-Leben mehr denn je ein tägliches Leben war. Wenn es das nicht gewesen wäre, wäre es verlorengegangen in ihrem alles besitzen und wenn es verlorengegangen wäre in ihrem alles besitzen dann hätten sie natürlich aufgehört alles zu besitzen. Jeder kann das verstehen.
Sie mußten innen vollständig innen in ihrem täglichen Insel-Leben sein um alles außerhalb zu besitzen wie sie dann auch wirklich alles besaßen.

Und was geschah, was geschah mit ihrem Schrifttum. O das ist sehr interessant. Es ist interessant weil es sehr wichtig ist in bezug auf Gott und dem Mammon dienen, es ist interessant wegen seiner Wirkung auf Wörter und Redewendungen. Es ist interessant weil wir noch in seinem Schatten stehen. Es ist interessant.

Vor allem änderte es sich rasch.

Und da gibt es etwas woran Sie immer denken müssen bei Kriegen das heißt bei Katastrophen, sie bewirken eine Veränderung welche eine Veränderung ist die im Begriff ist eine rasch gehende Veränderung zu sein viel rascher als ein Krieg gehen kann, und sogar ein langsamer Krieg eine langsame Katastrophe geht ziemlich rasch.

Sicherlich geht alles ziemlich rasch, das heißt ändert sich ziemlich rasch. Ich finde es immer erstaunlich wieviel sich selbst im Familienleben auf dem Lande verändert hat wie sehr sich ein Familienleben verändert hat, wie vollständig sich ein Familienleben sagen wir in fünf Jahren verändert hat.

Das ist immer wahr aber eine Katastrophe läßt einen das noch mehr sagen.

Auf jeden Fall es war wahr obwohl sie in ihrem täglichen Leben nicht sagten es sei wahr, war es im Leben der englischen Literatur wahr.

Schließlich hat sie nicht so sehr lange gedauert englische Literatur und sie ist durch so sehr viel hindurchgegangen.

Und nun kam das neunzehnte Jahrhundert und sehr viele Dinge waren vergangen.

Daß die Wörter da waren nur durch sich selbst war vergangen. Daß die Wörter lebendig gewählt waren um eines neben dem andern zu sein, war vergangen.

Daß die Verwirrung darüber wie und was die Art war in der damals jeder herausfinden mußte auf welche Art es zu sagen war was sie sagen mußten, vergangen war.

Und die Klarheit von etwas das Vollkommenheit besitzt auch das war vergangen, war vollständig vergangen.
Und nun was hatten sie zu tun und wie taten sie es.
Sie lebten ihr tägliches Leben und sie besaßen alles, alles was irgendwo außerhalb existierte.
Und jeder schrieb jeder hatte immer geschrieben und wie machten sie es.
Wie ich sage, stehen wir noch in seinem Schatten.
Mit als erstes sollte man bemerken daß die Zeit nun gekommen war da sie begannen zu erklären.
Vorher in allen früheren Epochen waren Dinge gesagt worden, waren bekannt gewesen, waren beschrieben, waren besungen, waren umkämpft, waren zerstört, waren geleugnet worden, waren gefangen, waren verloren, waren aber nie erklärt worden.
So begannen sie dann zu erklären. Und wir können sagen daß sie seitdem immer erklärt haben.
Und wie ich sage, stehen wir noch immer in seinem Schatten.
Und was erklärten sie und warum und was tat es Wörtern und Redewendungen.
Und was taten sie außerdem und was hatte ihr Insel-Leben und alles außen besitzen damit zu tun.
Es gibt Erklärung, das neunzehnte Jahrhundert entdeckte Erklärung und was die Beziehung zwischen Erklärung und sentimentaler Emotion ist, so wie das neunzehnte Jahrhuntert schrieb. Gibt es eine. Ja es gibt eine. Es gibt eine ganz deutliche Verbindung.
Selbstverständlich habe ich gelesen immer gelesen, tat nichts anderes als alles lesen was je im neunzehnten Jahrhundert geschrieben worden ist. Das ist natürlich genug da ich im neunzehnten Jahrhundert geboren bin. Was sonst konnte ich tun als alles lesen was es zu lesen gab das geschrieben wurde oder geschrieben worden war im neunzehnten Jahrhundert.

Ich hatte gelesen fast alles gelesen was in englisch im achtzehnten Jahrhundert geschrieben worden war, Poesie Prosa und Geschichte, Philosophie Memoiren und Romane, sehr lange Romane und ich habe sie alle gelesen, ich habe gelesen tatsächlich gelesen und ich habe immer gelesen, alles was in englisch im achtzehnten Jahrhundert geschrieben worden war. Ich las aus der langen Epoche die vorausging, von Chaucer bis zum achtzehnten Jahrhundert eine ganze Menge eine ziemlich große Menge aber natürlich nicht alles, nicht alles wie ich das las was im achtzehnten Jahrhundert geschrieben worden war. Aus dem neunzehnten Jahrhundert las ich mehr ich las mehr als alles und damit meine ich daß ich sehr viel las was geschrieben war im neunzehnten Jahrhundert das was eben irgend einer schrieb. Und so sieht man leicht daß ich da ich so viel gelesen habe was geschrieben worden war eine Vorliebe dafür habe geschriebenes zu lesen. Wenn nicht warum nicht. Aber da gibt es kein wenn nicht, ich liebe es geschriebenes zu lesen. Nun was fand ich langsam oder überhaupt nicht oder sehr oft oder sehr gut heraus.

Ich habe schon über einige der Dinge gesprochen die ich herausgefunden habe und um nun über das zu sprechen was ich mehr als herausfand was ich jeden Tag wußte da ich jeden Tag las sozusagen fast alles jeden Tag. Und um nun mit Erklärung weiterzugehen und wie es zustande kam und mit gefühlsmäßiger Bewegung und wie es zustande kam.

Eines Tages wäre ich gern imstande alles was ich über gefühlsmäßiges Schreiben empfinde zu verwirklichen und was es für jeden ist der es hört oder schreibt oder liest. Um aber zuerst alles alles zu sagen wie anders das neunzehnte Jahrhundert alles erklärte als andere Zeitalter und was englische Neunzehnhundert-Literatur zu dem macht was sie ist.

Als erstes erinnern Sie sich, ich erinnere mich daß Wörter und dann Wahl oder Nichtwahl, wissend was zu sagen ist oder sagend was sie sagen sich geändert hat.
Im neunzehnten Jahrhundert war was sie dachten nicht das was sie sagten, aber sie sagten was sie dachten und sie dachten über das nach was sie dachten.
Das war anders als es in der vorhergegangenen Zeit gewesen war.
Und wie nun Redewendungen dazu kommen Redewendungen zu sein und nicht Sätze, das ist was man wissen muß. Denn im neunzehnten Jahrhundert kommt es dazu. Und das macht alles aus was das neunzehnte Jahrhundert ausmacht. Und um es zu verstehen, muß man verstehen daß erklären erfunden wurde, natürlich erfunden von jenen die ein tägliches Insel-Leben lebten und alles andere außerhalb besaßen. Sie besaßen selbstverständlich alles innerhalb aber das hatten sie immer getan, doch nun besaßen sie alles außerhalb und das verstärkte ihr alles innerhalb besitzen, und das war wie es war nur noch mehr aber da sie alles außerhalb besaßen, mußte man außerhalb und innerhalb etwas erzählen über all dieses besitzen, sonst könnten sie sich nicht an all dieses besitzen erinnern und so wurde erklären erfunden und das machte die englische Neunzehnhundert-Literatur zu dem was sie ist. Und mit erklären ging emotionales sentimentales Gefühl weil es natürlich erklärt werden mußte, all dem besitzen mußte sein besessensein erzählt werden sein besitzen und jeder kann sehen daß wenn tägliches Insel-Leben sein tägliches Dasein fortführen sollte es emotionales sentimentales Gefühl geben mußte.
Es gern zu haben es auf diese Weise wieder zu erzählen, und sich an all die Bücher zu erinnern die geschrieben worden sind und gelesen, gelesen von jedem gelesen von mir, o ja gelesen und noch gelesen.
Wie ich sage, war im neunzehnten Jahrhundert das was sie

dachten nicht was sie sagten aber und das mag tönen wie das gleiche nur ist es das nicht, sie sagten was sie dachten und sie dachten über das nach was sie dachten. Dies machte das neunzehnte Jahrhundert zu dem was es war.

Wenn Sie ein tägliches Leben leben und es gehört Ihnen ganz, und Sie kommen außerdem dazu alles außerhalb Ihres täglichen Lebens zu besitzen und es gehört Ihnen ganz, beginnen Sie natürlich zu erklären. Sie fahren natürlich fort Ihr tägliches Leben zu beschreiben das Ihnen ganz gehört, und Sie beginnen natürlich zu erklären wie Sie alles außerdem besitzen. Sie beginnen natürlich das sich selbst zu erklären und Sie beginnen natürlich auch es jenen zu erklären die Ihr tägliches Leben leben die es mit Ihnen besitzen, alles außerhalb, und Sie erklären es natürlich auf irgendeine Weise einigen von jenen die Sie besitzen. All dies führt Sie dazu daß das was Sie denken nicht das ist was Sie sagen aber Sie sagen was Sie denken und Sie denken über das nach was Sie denken. Verstehen Sie, wenn nicht ist es vielleicht weil Sie schließlich nicht die ganze englische Neunzehnhundert-Literatur gelesen haben, aber vielleicht haben Sie es und wenn Sie es haben dann verstehen Sie. Sie müssen dann auch verstehen was erklären ist und wie es dazu kam. Vielleicht stehen wir noch immer ein wenig unter seinem Schatten.

Ich denke an die ganze englische Neunzehnhundert-Literatur die ich immer gelesen habe. Es gibt soviel davon und ich habe soviel davon gelesen und ich habe es so oft gelesen und ich habe es so immer und immer wieder gelesen. Und ich lese es immer noch. Ich lese es in großen Teilen und kleinen Teilen, das zu tun ist natürlich weil schließlich wenn man ein Buch in die Hand nimmt um es zu lesen und wenn man viel liest wie ich eine Menge Bücher jeden Tag lese und viele Bücher jede Woche selbstverständlich unvermeidlich lese ich viele Bücher die ich gelesen habe, und da ich alles gelesen habe was im neunzehnten Jahrhundert geschrieben worden ist, wichtig unwichtig, Prosa, Poesie, Geschichte, Naturwissenschaft und einige Essays, nun natürlich ich lese es wieder. Was kann ich sonst tun.

Und so weiß ich was es ist.

Das ist natürlich genug.

Was ist es.

Ich habe schon gesagt was es ist und ich denke das ist was es ist. Und in seinem sosein, ist es notwendig daß es in der Art geschrieben wurde wie es wurde.

Wie ich sagte, war das achtzehnte Jahrhundert klar und so gab es eine Wahl und die Wahl war eine vollständige Sache und was ist eine vollständige Sache. Ein Satz ist eine vollständige Sache und so wählte das achtzehnte Jahrhundert den vollständigen Satz als eine vollständige Sache. Nun was tat das neunzehnte Jahrhundert.

Wie ich erklärte, wählte es nicht eine vollständige Sache. Jeder kann verstehen daß wenn man erklärt und die zu erklärende Sache ist, daß man wenn man sein tägliches Innenleben führt alles außerhalb besitzt, es nicht möglich ist einen vollständigen Satz zu wählen eine vollständige Sache. Das ist offenbar nicht möglich weil wenn man das Innere dem Innern erklären muß und das Besitzen des Äußern dem Innern, muß das dem innern Leben erklärt werden, und das Besitzen des Äußern dem Äußern erklärt werden muß es überhaupt nicht möglich ist daß es in vollständigen Sätzen getan werden kann. Jeder kann das sehen, jeder kann es. Und wie also schrieb das neunzehnte Jahrhundert.

Sie schrieben nicht mit Wörtern die einfach Wörter waren wie Chaucer es tat. Das würde nicht helfen irgend etwas zu erklären, es war eine zu einfache Sache um nötig zu sein oder um angewendet zu werden um zu erklären. Sie wählten nicht Wörter damit eines neben dem andern sei und um lebendig zu sein gerade so seiend eines neben dem andern weil irgend etwas so lebendig wie das nicht alles besitzen konnte. Jeder kann das verstehen. Und wie ich bereits gesagt habe, konnten sie sich nicht zufrieden geben mit einer vollständigen Sache das heißt dem wählen eines ganzen Satzes weil wenn eine Sache eine vollständige Sache ist sie dann keine Erklärung braucht.

Was taten Sie also und allmählich wenn Sie denken wie sich die Sprache vom achtzehnten Jahrhundert zum neunzehnten Jahrhundert allmählich veränderte, werden Sie sehen daß sie daranging von Redewendungen zu leben, Wörter lebten nicht länger, Sätze und Abschnitte waren Trennungen weil sie es immer sind aber sie bedeuteten nicht besonders viel, aber Redewendungen wurden ausschlaggebend. Denken Sie an das englische Schrifttum auf der Höhe des neunzehnten Jahrhunderts und Sie werden sehen daß es so ist. Sie dachten über das nach was sie dachten und wenn man über das nachdenkt was man denkt, ist man gezwungen in Redewendungen darüber nachzudenken weil wenn man über das nachdenkt was man denkt man nicht über etwas ganzes nachdenkt. Wenn man im Begriff ist zu erklären, trifft das gleiche zu, man kann nicht eine ganze Sache erklären weil wenn es eine ganze Sache ist es nicht erklärt zu werden braucht, es braucht nur festgestellt zu werden. Und dann ist das emotionale Gefühl das jeder der sein tägliches Leben lebt und alles außerhalb besitzt, ausdrücken muß, wieder etwas das nur durch Redewendungen ausgedrückt werden kann, weder durch Wörter noch durch Sätze. Jeder sollte imstande sein sich diese Sache klarzumachen.

Ich weiß wirklich ganz bestimmt daß, obwohl einige denken mögen daß es einige Ausnahmen gibt es wirklich keine gab außer zu Beginn als das achtzehnte Jahrhundert noch in der Luft lag oder gegen das Ende als das zwanzigste Jahrhundert gerade begann. Es gab wirklich keine Ausnahmen.

Denken Sie denken Sie wirklich an irgendeinen großen Teil oder irgendeinen kleinen Teil des Schrifttums des neunzehnten Jahrhunderts und Sie werden sehen daß es wahr ist daß es durch seine Redewendungen besteht. Seine Poesie sowohl wie seine Prosa. Vergleichen Sie Jane Austen mit Anthony Trollope und Sie werden sehen was ich meine und wie der Umfang des Gebrauchs von Redewendungen allmählich wuchs und wenn Sie Dickens lesen, vergleichen Sie es, beide sind sentimental, mit Clarissa Harlow und Sie werden sehen was ich meine. Man lebt durch sein ganzes, das Charakteristische des achtzehnten Jahrhunderts und das Charakteristische des neunzehnten Jahrhunderts lebt durch seine Teile. Sie können sehen was ich meine daß das mit erklären zusammenhängt. Dasselbe trifft auf die Poesie des neunzehnten Jahrhunderts zu. Die Dichter des Lake-Distrikts hatten andere Ideen, sie fühlten daß es falsch sei durch Teile eines ganzen zu leben und sie versuchten und sie versuchten sie wollten Gott dienen nicht dem Mammon aber auch sie unvermeidlich während sie schrieben, leben mehr und mehr durch Teile des ganzen weil schließlich Mammon und Gott auswechselbar waren da im neunzehnten Jahrhundert England sein tägliches Insel-Leben lebte und alles außerhalb besaß. O ja Sie sehen das ein. Und so geht es weiter und weiter und denken Sie an Tennyson. Da sehen Sie genau was ich meine. Und jetzt kommen wir zu einer neuen Sache. Ich hoffe Sie verstehen vollkommen daß das neunzehnte Jahrhundert durch seine Redewendungen schrieb und es schrieb sehr sehr sehr viel und ich habe es alles gelesen ebenso wie viele andere. Es ist etwas beruhigendes sich darauf auszuruhen es ist noch beruhigender als anderes trotz der Tatsache daß sehr viele Menschen die es schrieben es nicht gern hatten, da sie wußten wie sie schrieben. Aber es ist etwas beruhigendes Redewendungen zu schreiben, das Gefühl von Redewendungen ist etwas be-

ruhigendes und so lesen wir alle immer gern Schrifttum des neunzehnten Jahrhunderts, jene von uns die sich gerne beruhigt fühlen durch etwas was Gefühl berührt.
Empfinden Sie das Schrifttum des neunzehnten Jahrhunderts wie es ist. Ich hoffe es. Ich hoffe.
Und gegen Ende des neunzehnten Jahrhunderts mußte eine Veränderung kommen denn schließlich dauert nichts länger als es kann.
Und das konnte natürlich nicht mehr länger weitergehen ebensowenig wie irgend etwas anderes es tun konnte. Und das ist der Punkt an dem es sich mit amerikanischer Literatur verbindet.
Amerikanische Literatur, das ganze neunzehnte Jahrhundert ist seinen Weg allein gegangen und obwohl es scheinen könnte daß sie das gleiche getan habe wie die englische Literatur war es wirklich nicht so und es war aus einem ausgezeichneten Grund nicht so, sie führte kein tägliches Insel-Leben. Ganz und gar nicht, nichts konnte vollständiger kein tägliches Insel-Leben sein als das Leben das tägliche Leben jedes Amerikaners. Es war so vollständig kein tägliches Insel-Leben daß man wohl sagen kann daß es überhaupt kein tägliches Leben war.
Das ist grundlegend das ist was das amerikanische Schrifttum unvermeidbar ist, es ist überhaupt kein tägliches Leben.
Aber ehe ich überhaupt damit weitergehe, gehe ich mit englischer Literatur weiter und obwohl überhaupt nicht viel geschah in bezug auf Veränderungen geschah etwas und das hilft die Verbindung mit amerikanischem Schrifttum herzustellen.
Als die Zeit weiterschritt zum Ende des neunzehnten Jahrhunderts und Victoria vorüber war und der Burenkrieg begann es in England ein wenig anders zu werden. Das tägliche Insel-Leben war weniger täglich und das Besitzen von allem außerhalb war weniger besitzerisch, und dessen sollte

man eingedenk sein, es gab sehr viele die schrieben aber das Geschriebene war nicht so gut. Ich erinnere mich sehr wohl, ich war damals recht jung daß ich sehr bekümmert über England war weil es kein, man könnte sagen Kipling war der letzte, wirklich erstklassiges Schrifttum gegeben hatte. Das andere Schrifttum jener Epoche war das zweitklassige Schrifttum der letzten Generation, die junge Generation übte das zweitklassige Schreiben der vergangenen Generation aus, Wells Galsworthy, Bennett etcetera. Und seither hat es sich nicht geändert.

Aber bevor das geschah, gab es etwas anderes das sich mit dem verband was amerikanisches amerikanisches, Schrifttum werden sollte, man könnte sagen Meredith, Swinburne etc. und das hatte mit der Tatsache zu tun daß das tägliche Leben im Begriff war aufzuhören ganz so täglich zu sein und außerdem damit daß sie begannen nicht alles zu wissen über das Besitzen von allem was außerhalb von ihnen existierte außerhalb ihres täglichen Lebens. Und das hatte mit Redewendungen zu tun. Langsam zeigte es sich daß der Gebrauch von Redewendungen, man sieht es bei Browning man sieht es bei Swinburne und bei Meredith und sein Höhepunkt war bei Henry James der als Amerikaner wußte was er tat, daß sogar Redewendungen nicht länger nötig waren um Emotion hervorzurufen Emotion, um erklären erklärend zu machen.

Wie ich sage da das tägliche Leben nicht mehr länger jeden Tag so positiv gelebt wurde und sie nicht alle so sicher alles außerhalb besaßen, war erklären und ausdrücken ihres Gefühls nicht länger etwas unvermeidliches und so enthielt die Redewendung nicht länger genügend was eine Redewendung enthalten muß und sie sagten nicht länger was sie dachten und sie begannen nicht über das nachzudenken was sie dachten.

Das brachte etwas zuwege das weder Wörter für sich allein

existieren ließ, noch Sätze, noch wählen, es schuf die Notwendigkeit Absätze zu machen, und nachdem der ganze Absatz gemacht worden war, hob sich vom ganzen Absatz weg von ihm sein Sinn ab.

Wenn Sie an die Schriftsteller denken die ich erwähnt habe, werden Sie sehen was ich meine.

Wie ich sage da Henry James Amerikaner war, wußte er am besten was er tat als er dieses tat.

Sehen Sie ganz klar daß nun einteilen in Absätze begonnen hat wirklich begonnen hat.

Ich sagte einmal in «How to Write» [«Wie man schreiben soll»], ein Buch das ich über Sätze und Absätze schrieb, daß Absätze emotional seien und Sätze nicht. Absätze sind emotional, nicht weil sie eine Emotion ausdrücken sondern weil sie eine Emotion feststellen oder begrenzen. Vergleichen Sie Absätze mit Sätzen irgendeinen Satz und Sie werden sehen was ich meine.

Paragraphen also die in sich die Fähigkeit haben eine Emotion sowohl festzustellen als zu begrenzen, waren der natürliche Ausdruck der englischen Literatur Ende des neunzehnten Jahrhunderts. Das tägliche Insel-Leben genügte nicht mehr um das tägliche Leben der Engländer zu begrenzen, und das Besitzen von allem außerhalb war nicht länger aktuell oder sicher und so war es notwendig daß diese Dinge durch etwas ersetzt werden sollten und sie wurden ersetzt durch den Absatz. Sehen Sie nun was ich meine. Ich weiß ganz und gar was ich meine. Denken Sie an Browning, Meredith und Henry James und Swinburne und Sie werden sehen was ich meine. Die Redewendungen die Emotion von Redewendungen, das Erklären in Redewendungen was das ganze neunzehnte Jahrhundert zu etwas entsprechend gefühltem machte und nicht länger gesehenem, genügte um zu befriedigen was irgend einer meinen konnte. Und so brauchten sie einen Absatz. Eine Redewendung beruhigte nicht länger, deutete nicht länger etwas an überzeugte nicht länger, sie brauchten einen ganzen Absatz. Und so kam der Absatz langsam dazu das Ausschlaggebende zu sein, weder die Wörter der früheren Epoche, der Satz des achtzehnten Jahrhunderts, die Redewendungen des neunzehnten Jahrhunderts, sondern die Absätze des zwanzigsten Jahrhunderts, und, es ist wahr, die Engländer sind damit nicht weitergegangen aber wir sind es wir in amerikanischer Literatur. In englischer Literatur gingen sie einfach zurück zum neunzehnten Jahrhundert und machten es ein wenig schwächer, und das war weil ja weil sie ein wenig schwächer waren. Was sonst kann ich sagen.

Und so kommen wir zur amerikanischen Literatur, und warum sie weitergingen und wir sind die Literatur des zwanzigsten Jahrhunderts.

Ich will nicht sehr viel über das erzählen was ich erzählen will nur gerade ein wenig darüber.

Ich sagte sicherlich habe ich gesagt daß tägliches Leben nicht das tägliche Leben in Amerika war. Wenn Sie an den Unterschied zwischen England und Amerika denken, werden Sie es verstehen.

In England war das tägliche Insel-Leben das tägliche Leben und es war festverankert jenes tägliche Leben und im allgemeinen verließen sie sich einfach immer darauf. Sie verließen sich so vollständig darauf daß sie es nicht beschrieben sie hatten es einfach und erzählten es. Nur so. Und dann hatten sie Dichtkunst, weil dort alles eingeschlossen war mit ihnen und diese Dinge Vögel Tiere Wälder Blumen, Rosen, Veilchen und Fische alle da waren einfach erzählend daß sie alle da waren, machte Dichtkunst für jeden. Und da war sehr viel Dichtkunst da. Das war englische Literatur und sie hat einige fünfhundert Jahre oder mehr gedauert und es gibt sehr viel davon. All dies war nun alles.

In Amerika war wie ich gesagt habe das tägliche Allerlei

nicht das tägliche Leben und allgemein gesprochen gibt es kein tägliches Allerlei. Sie leben nicht jeden Tag. Und da sie nicht jeden Tag leben, haben sie nicht das tägliche Leben und so haben sie dieses nicht wie etwas das sie erzählen.

Sicherlich hat eine Anzahl von ihnen die schreiben durch lesen gelernt haben und natürlich haben sie schreiben dadurch gelernt daß sie gelesen haben was englische Literatur erzählt hat, hat eine Anzahl von ihnen versucht es umzuwandeln in eine Erzählung von täglichem Leben täglichem amerikanischem Leben aber diese sogar diese obwohl sie es so viel taten wie sie konnten, hatten keinen wirklichen Erfolg dabei weil es nicht amerikanisch ist, ein tägliches Leben zu erzählen, da es in Amerika überhaupt kein tägliches Leben gibt. So kann man es natürlich nicht erzählen.

Und nun denken Sie daran wie amerikanische Literatur etwas erzählt. Sie erzählt etwas weil jenes irgend etwas nicht verbunden ist mit dem was das tägliche Leben sein würde wenn sie es hätten.

Das ist ziemlich sicher nicht dasselbe nicht dasselbe wie im englischen Schrifttum.

Es ist oft gesagt worden daß amerikanische Literatur in gewisser Weise mehr verbunden ist mit englischer elisabethanischer als mit späterer und das war wenn Sie sich erinnern zu einer Zeit da Wörter gewählt wurden um eines neben dem andern zu sein und weil es in gewisser Weise damals eine Störung bedeutete innerlich zu fühlen daß man ein Schriftsteller ist weil Dinge getrennt waren eines vom andern, eine Art des irgend etwas wählens von einer andern Art des wählens.

Nun all das ist verschieden genug von dem was amerikanisch ist aber es hat doch noch etwas damit zu tun.

Was dazu zu sagen ist, ist dieses.

Denken Sie an das ganze bestehende amerikanische Schrift-

tum. Es gibt in ihm als Trennung, eine Trennung von dem was gewöhnlich ist im Vergleich zu dem was jenes ist von dem es gewählt worden ist.
Denken Sie an sie, von Washington Irving an bis Emerson, Hawthorne, Walt Whitman, Henry James. Sie wußten daß da eine Trennung ist eine vollkommene Trennung zwischen dem was gewählt ist und dem wovon es gewählt wird. Sie sehen das ein.
Das macht es was amerikanische Literatur ist, etwas das in seiner Art ganz einzig ist. Wie es sein muß, weil es in seinem wählen sein muß, das was es nicht sein muß, muß es ohne jede Verbindung mit dem sein von dem es wählt.
Nun können Sie sehen wie verschieden das von englischem Schrifttum ist, das fast vollständig das macht von dem es gewählt ist, tatsächlich macht es es so vollständig daß es keine Wahl gibt es kein wählen geben darf.
Sie sehen doch was ich sage.
Und so, und das ist das was man wissen muß, war amerikanische Literatur bereit weiterzugehen, weil während englische Literatur aufgehört hatte zu sein weil sie nirgendwohin weitergehen konnte, hatte amerikanische Literatur immer die Möglichkeit des weitergehens gehabt.
Sie verstehen daß ich es Ihnen so sage. Und es ist so, wie Sie leicht sehen können, wenn Sie sehen was amerikanische Literatur immer wirklich gewesen ist und sein mußte.
Um zurückzugehen woher Henry James und Browning und Swinburne und Meredith gekommen waren.
Ich erzählte Ihnen daß sie dahin gekommen waren wo sie einen ganzen Absatz brauchten um etwas auszustrahlen das kam. Und das taten sie alle.
Alle andern blieben wo sie waren, es war woher sie gekommen waren aber Henry James wußte daß er auf seinem Weg war. Und zwar weil das mit der amerikanischen Art zusammenhing. Und so obwohl sie auf gewisse Weise das glei-

che taten, hatte das was er tat ein Gefühl des zukünftigen und das was sie taten ein Gefühl von Ende. Es ist sehr interessant.
Und sehen Sie jetzt was ich meine.
Dann war es also für die englische Literatur eine Notwendigkeit das zu sein was sie geworden war. Browning, Swinburne, Meredith waren nicht länger imstande weiterzugehen, sie waren dahin gekommen wohin sie gekommen waren, weil obwohl tägliches Insel-Leben immer noch tägliches Insel-Leben war jeder wissen konnte daß es nicht das war was es sein sollte und wenn es das nicht sein sollte mit allem außerhalb zu ihm gehörend, was sollte es sein. Sie, Swinburne, Browning und Meredith, trieben es schließlich zur Spitze sie brauchten einen ganzen Absatz um es zu etwas zu machen das sie erwähnen konnten und während sie das taten, sagte der Absatz nicht länger was alle englische Literatur immer gesagt hatte daß lebend oder tot das tägliche Leben das tägliche Insel-Leben immer geführt wurde. Das ist wo sie waren.
Und so wie ich sage da alles was man nicht sagen kann, vergangen war, überhaupt nicht länger da war um zu bleiben, war es notwendig einen ganzen Absatz zu haben um da schließlich irgend etwas festzuhalten. Und damit war das getan.
In der Zwischenzeit ging Henry James weiter. Auch er brauchte den ganzen Absatz weil auch er gerade da war, aber, und das ist das was man bemerken muß, in seinem ganzen Absatz war das was er sagte, losgelöst von dem was er tat, was er war von dem was er enthielt, und über allem schwebte etwas schwebte nicht fort sondern schwebte einfach, schwebte darüber. Sie können sehen wie das auf Swinburne und Browning und Meredith nicht zutraf aber daß es auf Henry James zutraf.
Und das machte es daß Henry James eben fortfuhr das zu

tun was amerikanische Literatur immer getan hatte, die Form war stets die Form der zeitgenössischen englischen, aber die entkörperlichte Art etwas von jedem loszulösen und jedes von etwas war amerikanisch. Die Art wie es so oft der Fall war daß alle kein tägliches Leben hatten, war amerikanisch.

Manche sagen daß es Unterdrückung ist aber es ist nicht Unterdrückung es ist ein Mangel an Zusammenhang, weil es da keinen Zusammenhang gibt mit Leben und täglichem Leben weil keiner da ist, das macht amerikanisches Schrifttum zu dem was es immer gewesen ist und was es weiterhin werden wird.

Und da sind wir also.

Und nun, da der Absatz ganz und gar geworden war, war es ein Augenblick in dem ich kam und ich hatte mehr mit dem Absatz zu tun als jemals getan worden war. So glaubte ich ich täte es. Und dann ging ich zu dem über was das Amerikanische ist die Loslösung und ich fuhr fort den Absatz zu zertrümmern, und alles zu zertrümmern um wieder anzufangen mit dem nicht verbinden mit dem täglichen etwas und dennoch wirklich etwas zu wählen. Aber das ist eine andere Geschichte und ich habe genug erzählt.

Und nun über Gott und dem Mammon dienen. Der Schriftsteller muß Gott oder dem Mammon dienen indem er in der Art schreibt in der es geschrieben worden ist oder indem er in der Art schreibt in der es geschrieben wird das heißt die Art in der das Geschriebene schreibt. Das bedeutet für das Schreiben den Unterschied zwischen Gott und dem Mammon dienen. Wenn Sie in der Art schreiben wie schon geschrieben worden ist in der Art in der geschriebenes schon geschrieben worden ist dann dienen Sie dem Mammon, weil Sie von etwas leben das jemand schon geerntet hat oder erntete. Wenn Sie schreiben wie Sie schreiben müssen dann dienen Sie als Schriftsteller Gott weil Sie nichts ernten.

Wenn irgend etwas zu ernten ist, werden Sie nicht wissen was ernten ist deshalb dienen Sie Gott. Aber wirklich ist da keine Wahl. Niemand wählt. Was Sie tun, tun Sie selbst wenn Sie keiner Versuchung unterliegen. Schließlich ist eine Versuchung nicht sehr verführerisch. So werden Sie überhaupt nichts ernten. Und so ist das die Geschichte von englischer Literatur von allem in englisch geschriebenem geschriebenen wie ich es verstehe.

BILDER

Es ist natürlich daß ich über Bilder spreche das heißt, über Gemälde. Jeder muß etwas gern haben und ich sehe gerne gemalte Bilder. Die *Little Review* hatte einmal einen Fragebogen, er war für ihre Abschiedsnummer, und sie bat jeden von dem sie Beiträge gedruckt hatte eine Anzahl Fragen zu beantworten. Eine der Fragen war, was halten Sie von moderner Kunst. Ich antwortete, ich sehe sie gerne an. Das war meine richtige Antwort weil ich es tue, ich sehe sie gerne an, das heißt den Bilderteil der modernen Kunst. Die andern Teile interessieren mich viel weniger.

Wie ich sage, muß jeder etwas gern haben, einige Leute essen gern einige Leute trinken gern, einige Leute verdienen gerne Geld einige geben gerne Geld aus, einige haben das Theater gern, einige haben sogar Bildhauerei gern, einige gärtnern gern, einige haben Hunde gern, einige haben Katzen gern, einige Leute sehen sich gerne Dinge an, einige Leute sehen sich gerne alles an. Jedenfalls hat irgendeiner fast immer neben seiner richtigen Beschäftigung irgend etwas wirklich gern. Nicht erwähnt habe ich Spiele im Haus und im Freien und Vögel und Verbrechen und Politik und Photographie, aber jedermann kann das fortsetzen, und ich persönlich habe alle diese Dinge ganz gern doch sie fesseln meine Aufmerksamkeit nicht lange genug. Bilder ansehen ist seltsamerweise das einzige, dessen ich nie überdrüssig werde. Es gibt keinen Grund dafür aber aus irgendeinem Grund fesselt meine Aufmerksamkeit jedes Ding das durch Farbe wiedergegeben wird, vor allem, ich kann fast sagen gewiß, durch Ölfarbe auf einer glatten Fläche. Ich mache mir im Grunde nichts aus Aquarellen oder aus Pastellbildern, sie fesseln meine Aufmerksamkeit nicht wirklich.

Ich kann mich nicht erinnern wann ich nicht so war.

Ich habe bemalte Schilder gern und ich bedaure daß man

die Zeichen nicht mehr mit Ölfarbe auf die Mauer malt. An die Wand geklebtes Papier auf dem Dinge wiedergegeben sind, bedeutet nicht dasselbe für mich, es fesselt nicht meine Aufmerksamkeit. Ebensowenig Tapeten obwohl Tapeten zuweilen in einem die Illusion von Malerei erwecken. Aber sie tun es nicht genügend, nein nicht genügend. Ich sehe mir alles in Öl auf eine glatte Fläche gemalte gerne an obwohl ich um nichts in der Welt Maler sein oder irgend etwas malen möchte.
Ich habe mich oft gefragt warum ich die Reproduktion oder die Darstellung von irgend etwas in Öl auf einer glatten Fläche gern habe aber ich war nie imstande den Grund ausfindig zu machen. Es ist einfach eine Tatsache. Ich habe sogar einen Vorhang gern oder ein Schild auf dem Dinge gemalt sind die man innen im Laden verkauft wie man das so oft in Europa tut und ich habe ein falsches Fenster gern oder eine auf ein Haus gemalte Aussicht wie man es so viel in Italien tut. Kurz gesagt alles in Öl irgendwo auf eine glatte Fläche gemalte fesselt meine Aufmerksamkeit und ich kann es immer ansehen und langsam ja langsam will ich Ihnen alles darüber erzählen.
Wenn ich Landschaften oder Menschen oder Blumen ansehe, sehen sie für mich nicht wie Bilder aus, nein ganz und gar nicht. Andererseits müssen Bilder für mich nicht wie Blumen oder Menschen oder Landschaften oder Häuser oder irgend etwas anderes aussehen. Sie können es, sie tun es oft, aber sie müssen es nicht tun. Wenn ein Ölgemälde einmal gemalt ist, gemalt auf eine glatte Fläche, gemalt von irgend jemandem der es gerne malt oder der dafür bezahlt wird oder sich dafür interessiert es zu malen, oder der malen gelernt oder nicht gelernt hat, kann ich es immer ansehen und es fesselt immer meine Aufmerksamkeit. Das Gemälde mag gut sein es mag schlecht sein, mittelmäßig oder sehr schlecht oder sehr gut aber jedenfalls sehe ich es

mir gerne an. Und nun, warum bereitet die Wiedergabe von Dingen die wenn sie gemalt sind überhaupt nicht so aussehen wie die Dinge selbst, warum bereitet mir solch eine Wiedergabe Freude und fesselt meine Aufmerksamkeit. Nun ja, das weiß ich nicht und ich weiß nicht ob ich das jemals wissen werde. Jedenfalls ist es wahr und ich wiederhole daß das Bild um mir dieses Interesse einzuflößen ein Ölgemälde sein muß und daß es bei keinem Ölgemälde etwas ausmacht ob beabsichtigt ist daß das Ölgemälde einer Sache ähnlich sieht und ihr ähnlich sieht oder ob beabsichtigt ist daß es einer Sache ähnlich sieht und ihr nicht ähnlich sieht, die Tatsache bleibt bestehen daß es für mich ein Dasein in und für sich selbst erreicht hat, es besteht weiter als ein Ölgemälde auf einer glatten Fläche und es hat sein eigenes Leben und ob es einem paßt oder nicht da ist es und ich kann es mir ansehen und es fesselt meine Aufmerksamkeit.

Daß das Ölgemälde wenn es einmal gemacht ist sein eigenes Dasein hat, das ist etwas das natürlich von allem gesagt werden kann. Alles wenn es einmal gemacht ist, hat sein eigenes Dasein und aus diesem Grund fesselt jedes Ding die Aufmerksamkeit von irgend jemandem. Die Frage bei allem ist immer, wieviel Vitalität besitzt es und siehst du es zufällig gerne an.

Dabei meine ich mit allem wirklich alles. Alles was geschieht alles was vorhanden ist, hat natürlich seine eigene Vitalität und wahrscheinlich wird irgendeiner oder wenn noch nicht jetzt dann wird es wahrscheinlich irgendwann irgendeinen geben der es gerne ansehen möchte. Aber stimmt das wirklich, das heißt ist es wahr daß jedes Ding jedes Ding das heißt alles die Aufmerksamkeit von irgend jemandem fesselt. Ja vielleicht. Das kann man sicherlich sagen. Und so kommt es wieder darauf hinaus wieviel Vitalität hat jedes Ding das sein eigenes Dasein hat und sehen Sie es zufällig gerne an und fesselt es Ihre Aufmerksamkeit.

Nun die meisten von uns leben in sich selbst das heißt für irgend etwas und um uns eine Erleichterung von der Intensität dieses Etwas zu verschaffen, sehen wir uns gerne etwas an. Präsidenten der Vereinigten Staaten sehen sich im allgemeinen gerne Baseball-Spiele an. Ich kann das verstehen, ich tat es auch einmal, aber schließlich fesselte es meine Aufmerksamkeit nicht. Bilder in Öl auf ein glatte Fläche gemalt, tun es, sie fesseln meine Aufmerksamkeit, und so wollen wir uns weiter damit beschäftigen.

Das erste Ding das ich je gemalt sah und an das ich mich erinnere und mich erinnere es als gemalt gesehen und empfunden zu haben, niemand von Ihnen kann wissen was es war, war ein sehr großes Ölgemälde. Es war das Panorama der Schlacht von Waterloo. Ich muß ungefähr acht Jahre alt gewesen sein und es war sehr aufregend, es war aufregend das Panorama der Schlacht von Waterloo zu sehen. Da war ein Mann da der alles über die Schlacht erzählte, ich wußte bereits eine ganze Menge darüber weil ich immer historische Romane und Geschichte las und ich wußte von der eingesunkenen Straße auf der die französische Kavallerie gefangen wurde aber obwohl das alles aufregend war, war dasjenige was mich aufregte das Ölgemälde. Es war ein Ölgemälde ein nicht aufhören wollendes Ölgemälde, man war umgeben von einem Ölgemälde und ich die ständig im Freien lebte und Luft und Sonnenschein und Dinge spürte die es zu sehen gab, fühlte daß das ganz anders und sehr aufregend war. Hier gab es nur Dinge zu sehen aber es gab keine Luft es war nichts als ein Ölgemälde. Ich sehe mich noch heute auf dem kleinen Podium in der Mitte stehen und fast bewußt spüren daß dort keine Luft war. Dort war keine Luft, man spürte keine Luft, es war nur ein Ölgemälde und es hatte ein eigenes Leben und es war eine Szene wie ein Ölgemälde es sieht und es war eine wirkliche Sache die aussah wie etwas das ich gesehen hatte aber sie hatte nichts zu

tun mit diesem Etwas das ich kannte weil das Gefühl ganz und gar nicht dasjenige war ganz und gar nicht das Gefühl das ich hatte wenn ich irgend etwas sah, das was das Ölgemälde zeigte, war wirklich. Es das Ölgemälde zeigte es als ein Ölgemälde. Das ist was ein Ölgemälde ist.
Später als ich ungefähr achtzehn war, sah ich das wirkliche Schlachtfeld der Schlacht von Gettysburg und der gefühlsmäßige Unterschied beim Anblick des wirklichen Schlachtfeldes der Schlacht von Gettysburg und dem Panorama der Schlacht von Waterloo ist etwas an das ich mich sehr gut erinnere. Ich wußte ich wußte natürlich alles über die Schlacht von Gettysburg. Als wir dort waren, war es ein wundervoller Frühsommertag, und es war ein gänzlich ander Ding als ein Ölgemälde. Da waren so viele Dinge, vergangene gegenwärtige und zukünftige, und ein Gefühl des sich erfreuens und da war es und die ganze Sache war sehr kompliziert. Ich weiß wie das Schlachtfeld der Schlacht von Gettysburg im ganzen aussieht und im einzelnen und ich weiß was ich empfand und ich weiß was wir sprachen und was wir sagten und die Staaten die vertreten waren aber ich weiß nicht so genau, wie es aussah wie ich genau weiß wie die Schlacht von Waterloo auf dem Panorama der Schlacht von Waterloo aussah das ein riesiges Rundgemälde in Öl war. Beginnen Sie jetzt ein wenig einzusehen was es heißt ein Ölgemälde zu sein. Ich habe mir immer gern Schlachtszenen auf Bildern angesehen aber wie ich sage, sehe ich mir immer gerne Bilder an und dann einmal nach dem Krieg sah ich das Schlachtfeld der Schlacht von Metz. Einen Augenblick lang als ich es betrachtete, sah es fast – es war ein grauer Tag und wir waren auf dem Rückweg vom Elsaß nach Paris und wir hatten so viele Schlachtfelder dieses Krieges gesehen und dieses war so historisch – sah es fast wie ein Ölgemälde aus. Wie ich sage, sehen Dinge im allgemeinen für mich nicht wie ein Ölgemälde aus. Und

gerade dann stieg in diesem Ding das so historisch war daß es fast wie ein Ölgemälde aussah ein sehr altes Paar ein Mann und eine Frau aus einem Automobil und sie gingen sich ein Grab am Wegrand anzusehen und da schwand der Augenblick seiner Existenz als Ölgemälde dahin, es wurde zur historischen Illustrierung einer einfachen historischen Erzählung. Im Zusammenhang mit dem Panorama der Schlacht von Waterloo gab es eine Beschreibung der Schlacht von Waterloo wie sie von Victor Hugo erzählt wird. Wenn es am sechsundzwanzigsten März 1814 nicht geregnet hätte, würde sich das Schicksal Europas anders gestaltet haben. Ich glaubte das nie wirklich weil ich natürlich viele englische Romane und viele englische Geschichtsbücher über die Schlacht von Waterloo gelesen hatte aber es war ein vollkommen gültiges Bild der Schlacht von Waterloo und es hatte mit einem Ölgemälde überhaupt nichts zu tun. Es war genau das was ein Ölgemälde nicht ist. Und um jetzt zu dem zu kommen was ein Ölgemälde ist.

Das nächste woran ich mich im Zusammenhang mit einem Ölgemälde erinnere, ich war noch ein Kind, war das Eintreffen von zwei sehr verschiedenen Gemälden in San Francisco. Eines war von einem Mann der glaube ich Rosenthal hieß, er war zur Förderung seines Talentes nach Europa geschickt worden und kam mit einem großen Gemälde zurück einer Szene von Scotts Marmion der Nonne die zur Strafe lebendig in einer Mauer begraben wurde. Das andere Gemälde war Millets *Mann mit der Hacke*. Beide Bilder interessierten mich gleichermaßen, aber ich wollte keine Photographie des Rosenthal-Bildes aber ich wollte eine von dem *Mann mit der Hacke*. Ich erinnere mich daß ich es sehr viel ansah. Und dann zeigten wir das heißt mein Bruder und ich sehr bewegt ohne genau zu wissen warum aber sehr bewegt meinem ältesten Bruder die Photographie und er sah

sie ebenso feierlich an und dann sagte er sehr entschieden, es ist eine tolle Hacke, und er hatte recht.
Aber ich weiß noch genau wie das Bild von dem *Mann mit der Hacke* aussah. Ich weiß genau wie es aussah obwohl ich nachdem ich jetzt sehr viel auf dem Land in Frankreich gelebt habe die Bauern ständig mit genau solch einer Hacke habe hacken sehen. Das Hacken mit genau solch einer Hacke wie ich sie die ganze Zeit über sehe und wie ich ihr die ganze Zeit über begegne, hat nichts zu tun mit Millets *Mann mit der Hacke* aber das ist natürlich weil ich die Menschen als Menschen kenne, die Hacke als eine Hacke und die Felder als Felder. Aber ich kenne noch Millets *Mann mit der Hacke*, weil es ein Ölgemälde war. Und mein Bruder sagte es ist eine tolle Hacke aber das was es war, war ein Ölgemälde. Millets Bilder hatten etwas an sich was einen solche Sachen sagen ließ. Ich erinnere mich daß ich vor nicht vielen Jahren in Bourg durch das Mönchskloster neben der Kathedrale von Brou ging. Dort unerwartet war in einem kleinen Raum eine Kuh, fast eine richtige Kuh und es war ein Ölgemälde von Millet, und es überraschte mich nicht aber da war es es war fast eine Kuh aber es war ein Ölgemälde und obgleich ich seit Jahren nicht an einen Millet gedacht hatte, gefiel es mir.
Nach dieser Erfahrung mit Millets *Mann mit der Hacke* und dem Rosenthal-Bild begann meine ästhetische Erziehung, zuerst mit Radierungen, die damals in Zeitschriften reproduziert waren und wir pflegten sie auszuschneiden und dann begannen wir echte Radierungen zu sammeln, nicht viele aber doch einige, all das war noch in San Francisco, Seymour Hayden, Whistler, Zorn und schließlich Meryon, aber diese beiden kamen viel später, und japanische Drucke. Ich beschäftigte mich ernsthaft damit aber es war unvermeidlich daß sie da sie keine Ölgemälde waren meine Aufmerksamkeit nicht fesselten. Ich erinnere mich, noch in San Fran-

cisco, an das Reklameschild eines Mannes der ein Schild malt ein mächtiges Reklameschild und dieses fesselte meine Aufmerksamkeit. Ich pflegte oft hinzugehen und es anzusehen und dazustehen und es zu betrachten und dann beunruhigte es mich weil es fast aussah wie ein Mann der ein Schild malt und manchmal möchte man, hat man es gern enttäuscht zu werden aber nicht für zu lange. Das ist etwas an das man bei einem Ölgemälde denken muß. Es beunruhigte mich viele Jahre später als ich mir die Velasquez' in Madrid ansah. Sie sahen fast wirklich aus wie Menschen und wenn sie das weiterhin taten, könnte es einen so beunruhigen wie Wachsfiguren einen beunruhigen. Und wenn es einen beunruhigte, war es ein Ölgemälde, weil ein Ölgemälde etwas ist das beim anschauen aussieht wie das was es ist, ein Ölgemälde.

All das muß man bedenken aber jetzt wollen wir fortfahren. Als nächstes interessierten mich in Verbindung mit einem Ölgemälde, noch in San Francisco, einige Gemälde von einem Franzosen namens Cazin. Wahrscheinlich kennt ihn keiner von Ihnen.

Er gehörte der damals neuen Schule von Malern an die offiziell in den Salons zugelassen den mittelmäßigen Teil der damals noch verpönten Schule der Impressionisten bildeten. Cazin ließ ein Weizenfeld fast so aussehen wie ein Weizenfeld aussieht das im Winde weht. Es sah aus wie ein Weizenfeld das im Winde weht und ich liebte es mir Weizenfelder anzusehen die im Winde wehen. Nach einer Weile spürte ich daß ich nicht mehr so sicher war was am ehesten wie ein Weizenfeld das im Winde weht, aussah das Bild des Weizenfeldes oder das wirkliche Weizenfeld. Wenn es soweit kommt, wird man natürlich entmutigt. Ich darf sagen man wird schließlich entmutigt. Man ist nicht sogleich entmutigt, man wird bestätigt in seinem Gefühl einem Weizenfeld gegenüber das im Winde weht und dann allmählich

gefällt es einem weniger und schließlich ist man enttäuscht. Man ist sich nicht gern im unklaren darüber ob etwas beim anschauen eher aussieht wie eine Sache oder wie ein Gemälde. Und so verlor ich fast das Interesse an beidem.
Es gab ein anderes Bild auch von Cazin *Juan und Juanita* genannt wenigstens nannte ich es für mich so weil ich damals eine Geschichte las in der diese beiden Namen vorkamen, ich glaube in Wirklichkeit hieß es wie irgend etwas biblisches. Jedenfalls war es ein Bild von zwei Kindern verloren in der Wüste und die Wüste war wie die kalifornische Wüste die ich kannte. Die Wüste diese gemalte Wüste sah der Wüste sehr ähnlich aber die Kinder sahen Kindern wirklich nicht sehr ähnlich und so zog ich schließlich dieses Bild dem Weizenfeld vor. Ich nehme an ich kam zu dem Schluß daß da die Kinder wirklich nicht so aussahen wie Kinder für mich aussehen es der wehende Weizen und die Wüste auch nicht taten. All das war natürlich höchst nebelhaft in mir.
Das nächste im Zusammenhang mit Ölgemälden was mich interessierte, waren in Baltimore in Walters Art Gallery die Bilder der Barbizon-Schule, nun nicht mehr Millet sondern Daubignys und Rousseaus. Hier wiederum war der blaue Himmel hinter den Felsen der blaue Himmel den ich hinter Felsen kannte, und vor allem zogen mich die Rousseaus an die mir den blauen Himmel hinter Felsen greifbar machten. Da die Bilder klein waren und der blaue Himmel klein war, störte mich die Frage des wirklichen Himmels nicht, und außerdem regte es mich nicht wirklich auf obwohl es mir gefiel und ich es gern hatte. Dann ging ich nach Boston und und dort sah ich die ersten großen Corots. Einen im Bostoner Museum *Der Abendstern*. Dort empfand ich wieder wohltuend daß es ein Himmel war weil es immerhin mit Gedankenverbindungen angefüllt war, es war nicht ein Ding an sich. Es sah aus wie der Abendstern es sah aus wie Tannhäuser fühlte und mehr als das man konnte fühlen wie

es aussah und so gab es nichts was störte. Später gefielen mir Corots immer aber das liegt glaube ich vor allem daran daß sie so sanft sind. Nichts hat mich im Zusammenhang mit ihnen je gestört.
Dann kaufte ich mir mein erstes Ölgemälde. Es war von einem amerikanischen Maler namens Shilling gemalt und ich wollte es weil es aussah wie irgendein Stück Land in Amerika und der Himmel war hoch und eine Wolke war da und es sah aus wie etwas in Bewegung und ich erinnere mich sehr gut wie es war, und dann wieder war ich beunruhigt weil letzten Endes was gefiel mir besser das gesehene Ding oder das gemalte Ding und was war ein Ding in Bewegung. Ich fing an fast bewußt beunruhigt zu sein.
Dann ging ich nach Europa zuerst Antwerpen dann Italien dann Frankreich dann Spanien und dann später wieder Frankreich. Selbstverständlich all das in aufeinanderfolgenden Jahren, ich sah mir natürlich sehr viele Bilder an.
In Antwerpen erinnere ich mich nur an die Farbe der Rubens und daß sie religiös waren. Mir gefiel ihre Farbe. Mir gefiel mir gefiel ihre Religion recht gut.
Dann fuhren wir durch Frankreich nach Italien.
Der Louvre war für mich zuerst nur goldene Rahmen goldene Rahmen die ziemlich prächtig waren, und aus den Fenstern des Louvre hinauszuschauen mit den Goldrahmen ganz aus Gold drinnen hinter mir war wunderbar. Ich sehe immer gern und sah immer gern aus Fenstern von Museen. Es ist vollkommener aus Fenstern von Museen zu sehen als aus irgendwelchen anderen Fenstern zu sehen.
Dann gingen wir nach Italien und mein Bruder und ich verbrachten einen langen heißen Sommer in Italien, in Florenz und in Venedig und in Perugia und ich begann vor Ölgemälden zu schlafen und zu träumen.
Ich sah aus den Fenstern der Museen aber es war wirklich nicht nötig.

Es gab damals im Sommer sehr wenig Leute in den Galerien in Italien und es gab lange Bänke und sie waren rot und sie waren bequem wenigstens waren sie es für mich und die Aufseher waren gleichgültig oder freundlich und ich konnte mich wirklich hinlegen und vor den Bildern schlafen. Sie verstehen daß es nicht nötig war aus den Fenstern zu sehen.

Ich schlief und wachte vor allem auf vor den Tintorettos den Giottos und den Castagnas, die Botticellis waren für diese Tätigkeit weniger geeignet, so wenig man es sich vorstellen kann, sie beunruhigten mich weil die italienischen Blumen genau so waren wie die Blumen auf den Botticelli-Bildern. Ich pflegte auf dem Land spazierenzugehen und dann kam ich zu dem Schluß daß da die Botticellis wirklich so waren wie die Blumen auf dem Land sie nicht die Bilder waren vor denen man schlafen konnte, für mein Gefühl waren sie, da sie den Blumen auf dem Land so sehr glichen, waren sie künstlich. Sie wissen was ich meine künstliche Blumen. Und ich meine wörtlich genau das. Wenigstens empfand ich es damals so. Mir gefiel damals Mantegna weil er mir klar machte daß weiß eine Farbe ist, und auf eine Art ließ er mich etwas davon fühlen was Ölgemälde sind das mich auf vieles vorbereitete was später kommen sollte. Wie ich sage beim schlafen und erwachen vor all diesen Bildern begann mir wirklich klar zu werden daß ein Ölgemälde ein Ölgemälde ist. Von da an war ich imstande jedes Ölgemälde mit Vergnügen zu betrachten.

Ungefähr zur gleichen Zeit machte ich eine andere merkwürdige Erfahrung betreffend Ölmalerei.

Ich ging damals sehr oft in italienische Kirchen und ich begann mich sehr für schwarzen und weißen Marmor zu interessieren. Selbst für andersfarbenen Marmor. Ich ging in Rom in San Giovanni fuori le Mura und mir gefiel der Marmor nicht und dann sah ich mir den Marmor an der mir gefiel und ich begann ihn zu berühren und ich fand allmählich heraus daß wenn er mir gefiel er immer ebensoviel durch Ölmalerei vorgetäuschter Marmor war wie echter Marmor. Und all das durcheinander gemischt gefiel mir. Es war sehr schwierig den richtigen von dem falschen zu unterscheiden. Ich verbrachte Stunden in jenen heißen Sommertagen damit Marmor zu befühlen um festzustellen welcher echt war und welcher nicht. Ich fand heraus daß unter Granitsäulen wenn es vier waren einige Machwerke waren wenn sie mir Freude bereiteten, einige konnten echt sein aber einige mußten gemalt sein, natürlich waren sie es auch, wenn es alles Marmor war oder wenn es alles Granit war dann gab es nichts um das Auge zufriedenzustellen durch Täuschung. Natürlich könnte jeder zu dieser Erkenntnis gelangen.

Und so begann ich mir überhaupt jedes Ölgemälde anzusehen. Ich betrachtete seltsame Bilder in Kirchen wo sie in einem Bilde beschrieben was ihnen geschehen war, die Ex-Voto-Bilder. Ich erinnere mich an eines von einer Frau die von einem hohen zweirädrigen Wagen fiel, das war ein Bild von dem was ihr geschah und wie sie nicht getötet wurde. Ich sah mir alle Ölgemälde an die mir unter die Augen kamen und nicht bewußt aber langsam begann ich zu fühlen daß es keinen Unterschied macht einerlei wie ein Ölgemälde gemalt ist daß es immer aussieht oder aussehen sollte wie ein Ölgemälde.

Und so kommt man zu jedem Ölgemälde durch irgendein anderes Ölgemälde.

Dann gingen wir nach Spanien und dort sah und sah ich mir Bilder an. Ich glaube nicht daß es damals im Prado Fenster gab um hinauszusehen. Auf jeden Fall erinnere ich mich nur daran Bilder angesehen und angesehen zu haben. Die Galerie war damals nicht geordnet und man erkannte seine Bilder. Es war meine erste wirkliche Erfahrung im

finden von Bildern. Damals begann ich wirklich zum ersten Mal über sie nachzudenken. Mir gefielen Landschaften von Rubens weil alles zusammen in Bewegung war, Menschen Landschaft Tiere und Farbe. Mir gefielen Tizians weil sie sich überhaupt nicht bewegten und da sie sich nicht bewegten, waren sie vornehm. Die Velasquez beunruhigten mich wie ich sage weil sie wie die Cazins meiner Jugend zu wirklich waren und dennoch waren sie nicht wirklich genug um wirklich zu sein und nicht unwirklich genug um unwirklich zu sein.
Und dann fand ich Greco und das regte mich wirklich auf. Bei ihm war das Ölgemälde rein weder bewegte es sich noch war es still noch war es wirklich. Schließlich gefielen sie mir am besten. Ich hatte sie gern weil alles in ihnen so lang war und ich hatte sie gern weil sie so weiß waren. Seither habe ich nie vergessen was weiß ist.
Dann kam ich zurück nach Frankreich und dort vergaß ich Greco sofort weil dort der Louvre war und irgendwie dort mit den goldenen Rahmen und allem, da war eine Eleganz um alles, die mir nicht gefiel, aber dagegen konnte ich nichts machen, und auf eine Art zerstörte es Ölgemälde für mich.
Eine Zeitlang dachte ich überhaupt nicht mehr an Ölgemälde.
Damals machte ich mir nichts aus Eleganz und da Ölgemälde, so hatte es der Louvre für mich beschlossen, vor allem elegant waren, verlor ich das Interesse an Ölgemälden. Mein Interesse für sie kam erst im nächsten Jahr zurück.

Ein Ding zu beenden, das heißt fortzufahren ein Ding zu beenden, das heißt jemand sein der im Begriff ist etwas zu beenden so daß etwas ein Ding ist daß jeder sehen kann daß ein beendetes Ding etwas ist. Ein Ding zu beenden so daß jeder weiß daß das Ding ein beendetes

Ding ist, ist etwas.
Ein hübsches Ding so zu machen daß jeder fühlen kann daß das Ding ein hübsches Ding ist, ist etwas.
Ein Ding zu beginnen daß jeder sehen kann es ist begonnen, ist etwas. Ein hübsches Ding zu beginnen so daß jeder sehen kann daß ein hübsches Ding begonnen worden ist, ist etwas.
(Portraits and Prayers)

Ich erinnere mich daß mich dann viel später Courbet sehr gestört hat. Ich hatte begonnen spätere Ölgemälde anzusehen, das heißt spätere als frühe Museumsbilder. Ich hatte damals David gern weil er so trocken war und Ary Sheffer weil er so zart war und Greuze weil er so hübsch war und sie alle malten Menschen daß sie aussahen wie Menschen das heißt mehr oder weniger aussahen wie Menschen, mehr oder weniger aussahen wie Menschen, und es machte keinen Unterschied.
Aber Courbet störte mich. Er gebrauchte die Farbe wirklich wie die Natur aussieht wie jede Landschaft aussieht wenn sie gerade sie selber ist wie man sie im vorübergehen sieht. Courbet gebrauchte wirklich die Farben wie die Natur für jeden aussieht, wie ein Wasserfall in den Wäldern für jeden aussieht.
Und was hatte das mit allem zu tun, zerstörte es nicht ein wenig die Wirklichkeit des Ölgemäldes. Die Bilder von Courbet waren sehr wirklich als Ölgemälde, sie existierten sehr wirklich als Ölgemälde, aber die Farben die wie jeder sehen konnte die natürlichen Farben von Bäumen und Wasserfällen waren, fügten diese Farben etwas hinzu oder nahmen sie etwas von der Wirklichkeit des Ölgemäldes als Ölgemälde. Vielleicht und höchst wahrscheinlich vielleicht machte es eigentlich keinen Unterschied. Immerhin gab es einen Augenblick da ich mir Gedanken darüber machte

daß die Courbets wenn sie keine Ölgemälde sind doch ein Stück Landschaft en miniature sind, gesehen durch ein Verkleinerungsglas. Man hat immer Dinge im kleinen gern. Modelle von Möbeln sind hübsch, kleine Blumentöpfe sind hübsch, kleine Gärten sind hübsch, Zehn-Penny-Guckkästen sind hübsch, Laterna magicas sind hübsch und Photographien und Filme sind hübsch und die Spiegel vorne an Automobilen sind hübsch weil sie immer den ganzen Schauplatz im kleinen wiedergeben und doch in natürlichen Farben wie der Sucher einer Kamera. Wie ich sage, ist es ganz natürlich daß man Dinge im kleinen gern hat, es ist leicht man hat alles in einem, und gerade so ist es, oder in Vexierspiegeln in denen man alles noch mehr in einem hat, und wie ich sage, machte ich mir Gedanken aus Furcht daß Courbet so wäre. Doch bald kam ich zum Schluß daß es nicht so war, es schien nur so, die Courbets waren wirklich Ölgemälde mit dem wirklichen Leben von Ölgemälden wie Ölgemälde es haben sollten. Nur weil die Courbets fast etwas anderes sind, werden sie immer davor bewahrt wirklich alles zu sein was sie sind. Nun gut. Um auf Bilder zurückzukommen das heißt auf Ölgemälde.

Ich begann zu fühlen daß anders als bei Courbet, niemand oder nichts jetzt mehr aussah wie die Menschen auf den alten Bildern in den Museen und die alten Bilder waren in Ordnung. Sah irgend etwas was man sah wirklich so aus wie die neuen Bilder und waren sie in Ordnung.

Sie verstehen es wird zu einer Plage aber immerhin wenn Ölgemälde Ölgemälde sind und man sie sich wirklich gerne ansieht, ist es nicht wirklich eine Plage.

Soll ein Bild wie etwas aussehen oder macht es, selbst bei einem Courbet oder einem Velasquez, macht es irgendeinen Unterschied wenn es es tut oder wenn es es nicht tut solange es ein Ölgemälde ist.

Und wenn es weniger als irgend etwas ist, macht es irgend

einen Unterschied und wenn es mehr als irgend etwas ist, macht es irgendeinen Unterschied und selbst wenn es überhaupt nicht wie irgend etwas ist, ist es ein Ölgemälde.
Sie sehen es wird kompliziert weil man ein Ölgemälde schließlich gerne ansehen muß.
Und dann langsam durch all das und mir viele viele Bilder ansehend, kam ich zu Cézanne und da war man, wenigstens da war ich, nicht ganz auf einmal aber sobald ich mich daran gewöhnt hatte. Die Landschaft sah wie eine Landschaft aus das heißt was gelb in der Landschaft ist, sah gelb in dem Ölgemälde aus und was blau in der Landschaft war, sah blau in dem Ölgemälde aus, und wenn es das nicht tat, war immer noch das Ölgemälde da, das Ölgemälde von Cézanne. Dasselbe traf auf die Menschen zu es gab keinen Grund warum es so sein sollte aber es war so, dasselbe traf auf die Stühle zu, dasselbe traf auf die Äpfel zu. Die Äpfel sahen wie Äpfel aus die Stühle sahen wie Stühle aus und das alles hatte nichts zu tun mit irgend etwas weil wenn sie nicht aussahen wie Äpfel oder Stühle oder Landschaften oder Menschen sie Äpfel und Stühle und Landschaften und Menschen waren. Sie waren so ganz und gar diese Dinge daß sie nicht ein Ölgemälde waren und dennoch das ist gerade das was die Cézannes waren sie waren Ölgemälde. Sie waren so ganz und gar ein Ölgemälde daß alles da war ob sie beendet waren, die Gemälde, oder ob sie nicht beendet waren. Beendet oder nicht beendet es war immer so wie es aussah die wahre Essenz eines Ölgemäldes weil alles immer da war, wirklich da war.

CÉZANNE

Die Irländerin kann sagen, daß heute jeder Tag ist. Caesar kann sagen daß jeder Tag heute ist und sie sagen daß jeder Tag ist wie sie sagen.

In dieser Art tat es Cézanne fast fast in dieser Art tat es Cézanne fast tat es fast und tat es fast. Und war ich überrascht. War ich sehr überrascht. War ich überrascht. Ich war überrascht und dabei geduldig, ist man geduldig wenn man Bienen findet. Bienen in einem Garten machen einen besonderen Honig und so macht es der Honig. Honig und Gebet. Honig und dort. Dort wo das Gras nicht ganz und gar wachsen kann viermal im Jahr.
(Portraits and Prayers)

Das war dann eine große Erleichterung für mich und ich begann mein schreiben.
Das klingt als hätte es ein Ende von etwas sein können wie es in der Natur einer Lösung liegt aber das war es nicht es war nur etwas das weiterging.
Bis dahin war ich mit Bildern bekannt geworden ich war vertraut gewesen mit einer Anzahl von ihnen aber ich war nicht wirklich familiär mit ihnen gewesen.
Ich schrieb einmal etwas genannt *Made a Mile Away* [Eine Meile entfernt gemacht] das eine Beschreibung war von all den Bildern die mich beeinflußt hatten, all die Bilder bis zu diesem Augenblick dem Augenblick da ich familiär mit Bildern wurde.
Von dieser Zeit an begann Familiarität und ich habe Familiarität gern. Sie züchtet in mir nicht Geringschätzung sie züchtet einfach Familiarität. Und je familiärer ein Ding ist um so mehr ist da um familiär damit zu sein. Und so begann meine Familiarität und hielt an.
Von jener Zeit an konnte ich mir jedes Ölgemälde ansehen. Das ist die Essenz von Familiarität daß man sich jedes einzelne ansehen kann.
Indem ich so mit Ölgemälden familiär geworden war, sah ich mir jedes und alle an und ich sah mir Tausende und Tausende von ihnen an. In Paris kann man immer wenn man

jedes und alle Gemälde ansehen will Tausende und Tausende von ihnen ansehen, man kann sie jeden Tag und überall ansehen. Es gibt eine große große Anzahl Ölgemälde in Paris. Ein Bilderhändler erzählte es mir einmal und er wußte daß es in Paris sechzigtausend Menschen gab die Bilder malten und daß ungefähr zwanzigtausend von ihnen ihren Lebensunterhalt damit verdienten. Es gibt in Paris jedes Jahr eine große Anzahl Ölgemälde zu sehen.
Allmählich familiärer und familiärer mit Ölgemälden zu werden, war als werde man allmählich familiärer und familiärer mit Gesichtern wenn man sich einige von ihnen sehr genau ansieht und sich alle sehr genau ansieht und man das alles sehr oft tut. Gesichter erzählen einem allmählich etwas, darüber besteht kein Zweifel wenn man familiärer und familiärer mit jedem und allen Gesichtern wird und so ist es mit Ölgemälden. Das Resultat war daß ich auf eine Weise nach und nach wußte was ein Ölgemälde ist und allmählich wurde mir klar wie ich es schon oft herausgefunden hatte daß es eine Beziehung gibt zwischen allem was gemalt ist und dem malen. Und allmählich wurde mir klar wie ich oft gefunden hatte daß diese Beziehung sozusagen niemanden etwas angeht. Die Beziehung zwischen dem Ölgemälde und dem Ding, gemalt, geht wirklich niemanden etwas an. Es könnte das Ölgemälde etwas angehen aber für den Zweck des Ölgemäldes geht es in der Tat nachdem das Ölgemälde gemalt worden ist das Ölgemälde nichts an und somit geht es niemanden etwas an.
Aber man hat immer noch eine Ähnlichkeit gern.
Eine Ähnlichkeit ist immer eine erfreuliche Wahrnehmung und so ist eine Ähnlichkeit fast immer da.
Das geht sozusagen das Ölgemälde nichts an, das ist nur eine angenehme menschliche Schwäche. Jeder und so fast alle haben angenehmerweise alles gern was etwas oder jemandem ähnlich sieht.

Dann gibt es noch eine andere Sache eine andere angenehme menschliche Schwäche. Es gibt noch eine andere Sache bei einem Ölgemälde. Es läßt einen etwas sehen dem es ähnlich sieht, läßt einen das Ding in der Weise sehen in der es das Ölgemälde ihm ähnlich sieht. Und auch das und das wieder ist eine angenehme Sache. Aber dann wirklich und das weiß jeder, sehr bald jeder das heißt alle vergessen wirklich an diese Ähnlichkeit zu denken. Natürlich tun, tun sie das weil Dinge sich ändern wenigstens scheinen sie es zu tun oder jedenfalls sehen sie aus als ob sie sich änderten das heißt sie sehen anders aus und daher ist die Ähnlichkeit des Ölgemäldes das heißt mit irgend jemandem das heißt mit irgend etwas nur eine Sache die historisch geworden ist.
Und so sind wir wieder einmal angelangt beim Leben eines Ölgemäldes an und für sich.
Da ich wie ich sage auf diese Weise immer familiärer mit jeder Art Ölgemälde geworden bin, wurde ich selbstverständlich immer familiärer mit vielen besonderen Ölgemälden mit einer großen Anzahl besonderer Ölgemälde, und wenn man wie ich sage viele viele Gesichter angesehen hat und familiär mit ihnen geworden ist, kann man in einem neuen Gesicht etwas neues finden, kann man von einer anderen Art Gesicht überrascht sein, kann man sogar von einer anderen Art Gesicht unangenehm überrascht sein man kann eine neue Art Gesicht gern haben oder nicht aber man kann ein neues Gesicht nicht ablehnen. Man muß ein Gesicht als Gesicht annehmen. Und so ist es mit einem Ölbild. Sie können jetzt sehen daß als zuerst Matisse auftauchte und dann der Kubismus von Picasso nichts eine Beunruhigung für mich war. Ja in einer Weise war es natürlich eine Beunruhigung für mich aber nicht die Beunruhigung einer Ablehnung. Das wäre nicht möglich gewesen da ich familiär mit Ölgemälden geworden war, und die Essenz von Familiarität darin besteht daß man sich jedes von ihnen ansehen kann.

Man war ganz sicher daß er da er für einen großen Teil seines seins ein Lebender war, versucht hatte sicher zu sein daß er unrecht hatte das zu tun was er tat und dann als er nicht dazu kommen konnte sicher zu sein daß er unrecht gehabt hatte das zu tun was er getan hatte, als er sich vollkommen überzeugt hatte daß er nicht dazu kommen würde sicher zu sein daß er unrecht hatte als er tat was er getan hatte dann war er wirklich sicher daß er ein Großer war und sicher war er ein Großer. Sicherlich konnte jeder dessen sicher sein daß dieser eine ein Großer ist.

(Portraits and Prayers)

WENN ICH ES IHM SAGTE

Ein vollendetes Porträt von Picasso

Wenn ich es ihm sagte, hätte er es gern. Hätte er es gern wenn ich es ihm sagte.

Hätte er es gern hätte Napoleon hätte Napoleon hätte hätte er es gern.

Wenn Napoleon wenn ich es ihm sagte wenn ich es ihm sagte wenn Napoleon. Hätte er es gern wenn ich es ihm sagte wenn ich es ihm sagte wenn Napoleon. Hätte er es gern wenn Napoleon wenn Napoleon wenn ich es ihm sagte. Wenn ich es ihm sagte wenn Napoleon wenn Napoleon wenn ich es ihm sagte. Wenn ich es ihm sagte, hätte er es gern hätte er es gern wenn ich es ihm sagte.

Schlösser schließen und öffnen sich wie Königinnen es tun. Schlösser schließen und Schlösser und so schließen Schlösser und Schlösser und so und so Schlösser und so schließen Schlösser und so schließen Schlösser und Schlösser und so. Und so schließen Schlösser und so und also. Und also und so und so und also. Lassen Sie mich erzählen was Geschichte lehrt, Geschichte lehrt.

(Portraits and Prayers)

DAS LEBEN VON JUAN GRIS

Als Spanier kannte er Kubismus und war hindurchgegangen bis zu ihm. Er war durch ihn hindurchgegangen. Daneben war diese Vollendung. Es ihnen gezeigt zu haben. Dann kamen Krieg und Flucht. Es gab wenig Hilfe. Vier Jahre zum Teil Krankheit viel Vollendung und zusammenfügen von Schönheit und Vollendung und dann am Ende kam eine endgültige Erschaffung von etwas. Das ist was ermessen werden muß. Er machte etwas das ermessen werden muß. Und das ist dieses Etwas.

(Portraits and Prayers)

Alles kann eine Überraschung für einen sein sogar ein Schock aber nichts kann eine Beunruhigung für einen sein wenn man wirklich familiär damit ist. Das ist eine natürliche Sache.

Und dann soweit gekommen, begann ich oft über Ölgemälde sehr viel nachzudenken. Sie waren familiär für mich sie waren niemals wirklich eine Beunruhigung für mich aber zuweilen störten sie mich.

Nachdem ich jetzt alle Ölgemälde als Ölgemälde hatte gelten lassen, begann ich natürlich sie zuweilen anders zu empfinden. Ich fragte mich was sie sein würden wenn sie eines Tages anders wären. Aber könnten sie anders sein. In jenen Tagen fragte ich mich oft ob Ölgemälde je anders sein könnten.

Das führte mich zurück zu der Frage Ölgemälde betreffend der Frage die man die ewige Frage für Maler von Ölgemälden nennen könnte der Frage nach dem Sujet des Ölgemäldes.

Ich sprach natürlich nicht mit Malern über das was sie in ihren Ölgemälden malten. Maler wirkliche Maler sprechen niemals wirklich darüber. Aber ich sprach darüber wie jedes Bild auf mich wirkte. Und in einer Hinsicht ist es das was ich sagen kann. Aber um jetzt mit der schwierigen Frage fortzufahren warum wann und in welcher Weise kann ein Maler ein Sujet für seine Bilder haben. Und wenn er es tut und natürlich tut er es, warum tut er es. Warum malt er was er malt.

Da gibt es vor allem drei Dinge, Menschen, Gegenstände die Blumen und Früchte einschließen, Landschaften die das Meer einschließen und Verflechtungen dieser Dinge die man wenn Sie wollen Malergedanken nennen könnte.

Außerdem gibt es all die Dinge die still bleiben und dann gibt es all die Dinge die nicht so still bleiben, selbst wenn sie sich zuweilen fast bewegen, und irgendwie irgendwann malt fast jeder Maler sie alle.

Und wenn er es tut, ist es störend.

Und ist es wirklich so daß das was der Maler malt daß in einem Ölgemälde ein Element der Beunruhigung enthalten ist.

Ja ich glaube es.

Die meisten Menschen denken daß die Beunruhigung die sie bei einem Ölgemälde empfinden das sie beunruhigt und sehr viele Ölgemälde beunruhigen sehr viele Menschen, daß die Beunruhigung also die diese Menschen die jeder bei einem Ölgemälde empfindet wie sie denken daher kommt wie ein Ölgemälde diese Dinge darstellt, die im Ölgemälde dargestellten Dinge. Aber ich selber denke nicht so. Ich denke daß die Beunruhigung von der Tatsache kommt daß das Ölgemälde vorhanden ist durch das Dasein dieser Dinge die das Ölgemälde darstellt im Ölgemälde, und im Grunde sollte es es nicht tun, so denkt das Ölgemälde, so denkt zuweilen der Maler des Ölgemäldes, so fühlt es instinktiv der Mensch der das Ölgemälde ansieht. Wirklich hat jedermann im Herzen ein Gefühl der Beunruhigung durch die unvermeidliche Existenz eines Ölgemäldes in bezug auf das was in ihm gemalt ist, Menschen Gegenstände und Landschaften. Und tatsächlich und selbstverständlich wie ich Ihnen bereits klargemacht habe, ist das nicht das was ein Ölgemälde ist. Ein Ölgemälde ist ein Ölgemälde, und diese Dinge sind nur die Art die einzige Art wie ein Maler ein Ölgemälde macht.

Man könnte sagen daß fast alle Maler ihr Leben mit dem Versuch verbringen von dieser Unvermeidlichkeit fortzukommen. Sie kämpfen und das Resultat hängt was natürlich jeder gern hat oder nicht gern hat davon ab ob sie denken daß der Kampf hoffnungslos ist oder es nicht ist. Und dann hat jeder fast jeder eine Ähnlichkeit gern selbst wenn keine da ist. Hat der Maler die Ähnlichkeit gern, o ja er hat sie gern. Er hat eine Ähnlichkeit gern. Das ist eine natürliche angenehme menschliche Sache, eine Ähnlichkeit gern zu haben. Und macht diese natürliche angenehme menschliche Sache das Gernhaben einer Ähnlichkeit alles schwierig sehr schwierig. Ja das macht es bestimmt. Und es macht ein Ölgemälde beunruhigend.

Sie sehen wie das einen zu jedem bringt, zu allem das irgendeiner je beim malen versucht hat.

Und dann gibt es eine andere Schwierigkeit. Ein Gemälde ist gemalt als ein Gemälde, wie ein Ölgemälde als Ölgemälde existiert, es kann in oder es kann außerhalb seines Rahmens sein, aber ein Ölgemälde und das ist ein wirkliches Ärgernis wird immer das Bestreben haben in seinen Rahmen zurückzukehren, selbst wenn es nie außerhalb des Rahmens war. Das ist eines der Dinge zu dem ein Ölgemälde jedes Ölgemälde ein starkes Bestreben hat. Und das

ist ein Ärgernis zuweilen für den Maler und zuweilen für jeden der ein Ölgemälde ansieht.
Strebt ein Ölgemälde danach in seinen Rahmen zurückzukehren weil ein Ölgemälde schließlich in seinen Rahmen gehört.
Oder tut es das nicht.
Es tut das und tut das nicht. Aber meist tut es das und das kann Eleganz bedeuten, daß es in seinen Rahmen gehört aber es kann auch eine Störung der Eigenschaft sein die es zu einem Ölgemälde macht.
Und wenn es in seinen Rahmen gehört, muß es das Ölgemälde statisch sein.
Wenn es versucht sich zu bewegen und es gab gute Versuche es bewegt zu machen, bewegt es sich. Leonardo, in der Jungfrau dem Kind und der heiligen Anna versucht es bewegt zu machen, Rubens in seinen Landschaften, Picasso und Velasquez auf ihre Art und Seurat auf seine Art. Die Schwierigkeit ist immer, sind es die Menschen in ihm die sich bewegen oder bewegt sich das Bild und wenn sollte es es tun. Ich ich habe es gern wenn es das tut aber ich eben habe es gern wenn ein Bild, das heißt ein Ölgemälde all das tut was es gerne tut.
Das erste was mich je in bezug auf die Bewegung des Bildes interessierte, war der Leonardo im Louvre, die Jungfrau, das Kind und die heilige Anna. Vorher war die Bewegung in einem Bild der Effekt von Bewegung, aber in diesem Bild gab es eine innere Bewegung, nicht der Menschen oder des Lichtes oder irgendeines dieser Dinge sondern innerhalb des Ölgemäldes. Mit anderen Worten das Bild lebte nicht innerhalb des Rahmens, mit anderen Worten es gehörte nicht in den Rahmen. Die Sache mit Cézanne war anders, es drang tiefer und tiefer in das Bild ein das Leben des Ölgemäldes aber es blieb an Ort und Stelle.
Ich habe sehr viel über all das nachgedacht und ich denke

noch darüber nach. Ich habe leidenschaftlich gehofft daß manches Bild außerhalb seines Rahmens bleiben würde, ich denke es kann es selbst wenn es es nicht tut, selbst wenn es dort bleibt. Und das ist das Problem aller modernen Malerei genau so wie es das Problem aller frühen Malerei war. Das heißt daß die erste Hoffnung eines Malers der wirklich hoffnungsvolle Gefühle für Malerei hegt die Hoffnung ist daß das Gemälde sich bewegt, daß es außerhalb seines Rahmens leben möchte.

Andererseits bewegt sich die meiste elegante Malerei nicht lebt nicht außerhalb des Rahmens und man hat Eleganz in der Malerei gern.

Ich frage mich ob ich Ihnen überhaupt eine Idee davon gegeben habe was ein Ölgemälde ist. Ich hoffe ich habe es selbst wenn es verwirrt scheint. Aber die Verwirrung ist wesentlich in der Idee eines Ölgemäldes.

Da ist es das Ölgemälde in seinem Rahmen, ein Ding an sich. Da ist es und es muß aussehen wie Menschen oder Gegenstände oder Landschaften. Außerdem muß es nicht nur ausschließlich in seinem Rahmen existieren. Es muß sein eigenes Leben haben. Und dennoch es darf sich nicht bewegen noch Bewegung nachahmen, nicht wirklich, noch muß es still bleiben. Es muß nicht nur in seinem Rahmen sein aber es muß nicht, nur, in seinem Rahmen sein. Diese ganze Frage ob ein Bild in seinem Rahmen ist in seinen Rahmen zurückkehrt oder nicht in seinen Rahmen zurückkehrt, ist die Frage die mich neuerdings am meisten beschäftigt hat. Moderne Bilder haben die sehr endgültige Anstrengung gemacht ihren Rahmen zu verlassen. Aber bleiben sie draußen, kehren sie zurück und wenn sie es tun, ist es das wohin sie gehören und ist jemand getäuscht worden. Ich denke in diesen Tagen sehr viel darüber nach.

Sie sehen es ist schwierig genau zu beschreiben was ein Ölgemälde ist, es ist schwierig für jene die Ölgemälde gerne

anschauen wahrscheinlich auch für jene die Ölgemälde malen und es führt Maler zu der Sache zu der letzten Sache von der ich sprechen möchte, den sogenannten literarischen Ideen des Malers.
Ich hoffe Sie alle beginnen mit mir zu fühlen was ein Ölgemälde ist und wir nehmen an daß ein Ölgemälde das ist was man gerne ansieht und wir nehmen an daß man es gerne ansieht sogar wenn es das nicht ist. Auch daß Sie verstehen daß das was die Menschen wirklich stört das heißt jeden den ein Ölgemälde überhaupt stört nicht seine Existenz als Ölgemälde ist, sondern das Sujet das heißt was es als Ölgemälde malt. Ich ich weiß daß es mich meist nicht stört wie ein Ölgemälde aussehen muß wie mich gewisse Dinge stören die Ölgemälde tun das heißt die Dinge die die Ölgemälde immer malen müssen. Nehmen Sie zum Beispiel alle späteren Ölgemälde. Ist es wahr daß sie in Ordnung sind wenn die Malerei Malerei von Gegenständen ist und sind sie nicht in Ordnung wenn sie die Malerei von Menschen sind. Trotz allem kann das eine Störung sein. Mag es keine Störung für Sie sein. Mag es Sie nicht stören. Ich erinnere mich so gut wie jemand von Van Gogh sagte, es war vor vielen vielen Jahren, ich habe seine Bilder von Menschen aber nicht von Blumen gern, und dann nachdenklich hinzufügte, weil ich natürlich nie Menschen ansehe und so nicht weiß wie Menschen aussehen aber ich mir Blumen ansehe und ich weiß wie Blumen aussehen. Wie ich hartnäckig sage, ist das was die Menschen wirklich stört was sie tief stört, das heißt, jeden den Ölgemälde stören, nicht die Art wie sie gemalt sind, daran können sie sich immer mehr oder weniger und einigermaßen rasch gewöhnen, sondern das Sujet des Ölgemäldes. Natürlich ist es immer das gleiche Sujet aber selbst dann dauert es so viel länger für denjenigen der ein Ölgemälde ansieht sich an das Sujet zu gewöhnen obwohl es immer das gleiche Sujet ist als sich an das Ölge-

mälde selbst zu gewöhnen. Wenigstens empfinde ich es auf diese Weise.

Und nun gibt es noch eine Sache in Verbindung mit Ölgemälden, die literarischen Ideen die Maler haben und die sie malen.

Die literarischen Ideen die Maler haben und die sie malen, sind ganz und gar nicht die literarischen Ideen die Schriftsteller haben.

Natürlich haben die besten Schriftsteller das heißt die Schriftsteller die schreiben am tiefsten fühlen wie auch die besten Maler das heißt die Maler die malen am tiefsten fühlen keine literarischen Ideen. Aber immerhin haben sehr viele Schriftsteller und sehr viele Maler literarische Ideen. Die Sache die mich oft interessiert hat, ist daß die literarische Idee des Malers nicht die gleiche Art Idee ist wie die literarische Idee des Schriftstellers obwohl sie es die gleiche Sache nennen.

Der Maler hat eine Idee die er eine literarische Idee nennt und sie ist für ihn das heißt er denkt sie ist es die gleiche Art Idee wie sie ein Schriftsteller hat aber sie ist es nicht. Und daß sie es nicht ist, macht das Wesentliche aus was ein Ölgemälde ausmacht.

Die literarische Idee eines Malers besteht niemals in der Handlung sondern in der Veränderung der Form. Das könnte nie die literarische Idee eines Schriftstellers sein. Außerdem hat die Idee eines Malers von Handlung immer etwas damit zu tun daß sich eher etwas anderes bewegt als das Zentrum des Bildes. Das ist genau das Entgegengesetzte von der Idee des Schriftstellers, alles andere kann ruhig sein, nur nicht das zentrale Ding das sich bewegen muß. Und daher kann ein Maler nicht wirklich schreiben und ein Schriftsteller kann nicht wirklich malen, nicht einmal schlecht.

All das ist sehr wichtig weil es wichtig ist. Es ist wichtig weder für den Maler noch für den Schriftsteller sondern für jene die Bilder gerne ansehen und die gerne wissen möchten was ein Ölgemälde ist und die gerne wissen möchten was sie an dem was ein Ölgemälde ist, stört. Ich hoffe ich habe es Ihnen allmählich klarmachen können. Ich hätte Ihnen mehr Einzelheiten sagen können aber dann hätten Sie das heißt ich hätte nicht so deutlich gesehen wie ich es jetzt tue was ein Ölgemälde ist.

THEATERSTÜCKE

In einem Buch das ich schrieb *How to write* genannt, machte ich eine Entdeckung die ich für grundlegend halte, daß Sätze nicht emotional sind und daß Absätze es sind. In bezug auf Sprache fand ich heraus daß Absätze emotional sind und Sätze es nicht sind und ich fand noch etwas anderes heraus. Ich fand heraus daß dieser Unterschied nicht ein Widerspruch ist sondern eine Kombination und daß diese Kombination einen veranlaßt unaufhörlich über Sätze und Absätze nachzudenken weil die emotionalen Absätze aus unemotionalen Sätzen gemacht sind.

Ich fand eine grundlegende Sache über Theaterstücke heraus. Die Sache die ich über Theaterstücke herausfand, war ebenfalls eine Kombination und nicht ein Widerspruch und es war etwas das einen unaufhörlich über Theaterstücke nachdenken läßt.

Jenes etwas ist dieses.

Die Sache die grundlegend ist bei Theaterstücken ist daß die Szene wie sie auf der Bühne dargestellt wird öfter als nicht man könnte fast sagen immer in synkopierter Zeit in Beziehung zu der Emotion von jedem in der Zuhörerschaft steht.

Was das sagt, ist dieses.

Ihre Wahrnehmung als einer aus dem Publikum in bezug auf das Stück das vor Ihnen gespielt wird Ihre Wahrnehmung ich sage Ihre Emotion dieses Stück betreffend, hinkt immer dem Stück das Sie sehen und dem Sie zuhören entweder nach oder ist ihm voraus. So bewegt sich Ihre Emotion als ein zum Publikum gehörender niemals zur gleichen Zeit wie die Handlung des Stückes.

Diese Sache die Tatsache daß die emotionale Zeit für Sie als Publikum nicht dieselbe ist wie die emotionale Zeit des Theaterstückes ist was einen unaufhörlich beunruhigt sein läßt über ein Theaterstück, weil es da nicht nur eine Sache

gibt die man wissen muß warum dem so ist sondern weil es da eine Sache gibt die man wissen muß warum es vielleicht nicht so sein muß.
Das ist eine Sache die man wissen muß und Wissen ist wie jedermann wissen kann eine Sache die man erreicht indem man sie erreicht.
Und so will ich versuchen Ihnen zu erzählen was ich erreichen mußte und was ich vielleicht erreicht habe in Theaterstücken und um das zu tun will ich Ihnen alles erzählen was ich je gefühlt habe über Theaterstücke oder über irgendein Theaterstück.
Theaterstücke werden entweder gelesen oder gehört oder gesehen.
Und da kommt dann die Frage was kommt zuerst und was ist zuerst, ein Theaterstück lesen oder hören oder sehen.
Ich frage Sie.
Was ist Wissen. Natürlich ist Wissen was man weiß und was man weiß ist was man weiß.
Was weiß ich über Theaterstücke.
Um zu wissen, muß man immer zurückgehen.
Was war das erste Theaterstück das ich sah und war ich damals schon beunruhigt beunruhigt über das verschiedenartige Tempo das in dem Theaterstück und in einem selbst ist und die Emotion die man hat wenn das Theaterstück vor einem abläuft. Ich denke ich darf sagen ich darf sagen, ich weiß daß ich schon dadurch beunruhigt war bei jener meiner ersten Erfahrung mit einem Theaterstück. Die gesehene Sache und die Emotion gingen nicht zusammen.
Dieses daß die gesehene Sache und die gefühlte Sache über die gesehene Sache nicht im gleichen Tempo gehen, ist das was das im Theater sein zu etwas macht das jeden nervös macht.
Die Jazzbands machten aus dieser Sache, der Sache die einen beim Theater nervös macht, sie machten aus dieser

Sache ein Ziel an sich. Sie machten aus diesem verschiedenartigen Tempo ein etwas das nichts anderes war als ein Unterschied im Tempo zwischen irgendeinem und jedem einschließend all jene die es taten und all jene die es hörten und sahen. Im Theater natürlich ist jener Unterschied im Tempo weniger heftig aber er ist immerhin da und es macht jeden nervös.
An erster Stelle ist im Theater der Vorhang da und bereits der Vorhang läßt einen fühlen daß man nicht dasselbe Tempo haben wird wie die Sache die dort hinter dem Vorhang ist. Die Emotion von einem auf der einen Seite des Vorhangs und dem was auf der anderen Seite des Vorhangs ist, werden nicht zusammengehen. Eines wird immer hinter dem einen zurück oder dem anderen voraus sein.
Dann ist neben dem Vorhang auch das Publikum da und die Tatsache daß es im Weg ist oder sein wird oder nicht sein wird wenn der Vorhang aufgeht auch das bringt Nervosität mit sich und Nervosität ist der sichere Beweis daß die Emotion des Sehenden und die Emotion der gesehenen Sache nicht zusammen fortschreiten.
Nervosität besteht darin rascher gehen oder langsamer gehen zu müssen um zusammen zu gehen. Es ist das das jeden nervös sein läßt.
Und ist es ein Fehler daß es das ist was das Theater ist oder nicht ist.
Da sind Dinge die aufregend sind wie das Theater aufregend ist aber machen sie einen nervös oder machen sie es nicht, und wenn sie es tun und wenn sie es nicht tun warum tun sie es und warum tun sie es nicht.
Lassen Sie uns an drei verschiedene Arten von Dingen denken die aufregend sind und die einen nervös oder nicht nervös machen. Zuerst ein Geschehen das ein wirkliches Geschehen ist etwas wirkliches das sich ereignet an dem man teilnimmt wie ein Schauspieler an diesem Geschehen.

Zweitens jedes Buch das aufregend ist, drittens das Theater in dem man eine aufregende Handlung sieht an der man nicht teilnimmt.
Nun in einem wirklichen Geschehen an dem man teilnimmt in dem man eine handelnde Person ist was fühlt man in bezug auf Zeit und was ist es das einen nervös macht oder nicht.
Und ist Ihr Gefühl zu einer solchen Zeit der Handlung voraus oder hinter ihr zurück so wie es ist wenn Sie im Theater sind. Es ist dasselbe und es ist es nicht. Nein eher nicht.
Wenn man an einem wirklichen heftigen Geschehen teilnimmt, und man spricht und sie sprechen oder er oder sie spricht und es geht weiter und es wird aufregender und es ereignet sich dann schließlich, was immer es auch ist was sich ereignet dann wenn es sich ereignet dann im Augenblick des sich ereignens, ist es eine Erleichterung der Aufregung oder ist es eine Vervollständigung der Aufregung. In der wirklichen Sache ist es eine Vervollständigung der Aufregung, im Theater ist es eine Erleichterung der Aufregung, und in jenem Unterschied dem Unterschied zwischen Vervollständigung und Erleichterung liegt der Unterschied zwischen Emotion betreffend eine gesehene Sache auf der Bühne und der Emotion betreffend eine wirkliche Darstellung das heißt etwas das wirklich geschieht. Ich möchte das erläutern an einem Stück aus *The Making of Americans*.

Diese, und diejenige die ich jetzt zu beschreiben beginne, ist Martha Hersland und das ist eine kleine Geschichte von dem was in ihr geschieht von ihrem sein in ihrem sehr jungen Leben, diese war eine sehr kleine damals und sie rannte und sie war auf der Straße und es war eine sehr matschige und sie hatte einen Schirm den sie hinter sich herzog und sie weinte. Ich will den Schirm in den

Matsch werfen, sagte sie, sie war sehr klein damals, sie begann gerade in die Schule zu gehen, ich will den Schirm in den Matsch werfen, sagte sie und niemand war in der Nähe und sie zog den Schirm hinter sich her und Bitternis erfüllte sie, ich will den Schirm in den Matsch werfen, sagte sie und niemand hörte sie, die anderen waren vorausgerannt um nach Hause zu kommen und sie hatten sie verlassen, ich will den Schirm in den Matsch werfen, und es war verzweifelte Wut in ihr, ich geworfen den Schirm in den Matsch, brach es aus ihr heraus, sie hatte den Schirm in den Matsch geworfen und das war das Ende von allem in ihr. Sie hatte den Schirm in den Matsch geworfen und niemand hörte sie als es aus ihr herausbrach, ich geworfen den Schirm in den Matsch, es war das Ende von alldem für sie.

The Making of Americans (Harcourt, Brace & Co.). Seite 232

Das also ist der grundlegende Unterschied zwischen Aufregung im wirklichen Leben und auf der Bühne, im wirklichen Leben gipfelt sie in einem Gefühl der Vervollständigung ob eine aufregende Handlung oder eine aufregende Emotion geschehen ist oder nicht, und auf der Bühne ist der aufregende Höhepunkt eine Erleichterung. Und die Erinnerung an die beiden Dinge ist verschieden. Wenn sie sich die Einzelheiten überlegen die zum Höhepunkt von irgendeiner Szene im wirklichen Leben führen, finden Sie daß jedes Mal wenn Sie Vervollständigung nicht erreichen können, Sie aber Erleichterung erreichen können und so verwandelt schon Ihre Erinnerung an irgendeine aufregende Szene an der Sie teilgenommen haben es in die gesehene Sache oder die gehörte nicht in die gefühlte Sache. Sie haben wie ich sage als Resultat eher Erleichterung als Kulmination. Erleichterung von Aufregung, eher als den Höhepunkt von Aufregung. In dieser Beziehung tut eine aufregende Geschichte dasselbe nur in der aufregenden Geschichte, Sie haben sozusagen Kontrolle darüber wie Sie es in Ihrer Erinnerung an eine wirklich aufregende Szene haben, es ist nicht wie es auf der Bühne ist eine Sache über die Sie keine wirkliche Kontrolle haben. Sie können bei einer aufregenden Geschichte den Schluß herausfinden und so nochmals beginnen gerade wie Sie es im erinnern an eine aufregende Szene können, aber die Bühne ist anders, es ist nicht wirklich und dennoch ist es nicht in Ihrer Kontrolle wie die Erinnerung an eine aufregende Szene oder das Lesen eines aufregenden Buches. Ganz gleich wie gut Sie den Schluß der Bühnengeschichte kennen innerlich ist sie dennoch nicht in Ihrer Kontrolle wie es die Erinnerung an eine aufregende Szene ist oder wie es sogar auf eine merkwürdige Weise die gehörte Geschichte einer aufregenden Sache ist. Und was ist der Grund für diesen Unterschied und was macht es für die Bühne. Es verursacht Nervosität das natürlich, und der Grund von Nervosität ist die Tatsache daß die Emotion desjenigen der das Stück sieht immer dem Stück voraus oder hinter ihm zurück ist. Neben all diesem muß man sich über eine Sache klar sein und zwar wie man mit den Personen bekanntgemacht wird die an einer aufregenden Handlung teilnehmen sogar wenn man selbst eine der handelnden Personen ist. Und auch darüber muß man sehr viel nachdenken. Und darüber nachdenken in bezug zu einer aufregenden wirklichen Sache zu einem aufregenden Buch, zu einem aufregenden Theater. Wie wird man mit den Personen bekanntgemacht.

Da gibt es also die drei Arten in denen etwas aufregend sein kann, und die Aufregung mag einen nervös machen oder nicht ein Buch das man liest das aufregend ist, eine Szene an der man teilnimmt oder eine Handlung an der man teilnimmt und das Theater das man sich ansieht.

In jedem Fall sind die Aufregung und die Nervosität und

das hinter dem Stück zurück oder ihm voraus sein in unserem Gefühl verschieden.

Zuerst irgend etwas aufregendes an dem man teilnimmt. Dabei geht man emotional vorwärts und zurück und bei der Hauptkrise der Szene der Szene an der man teilnimmt, an der unsere Hoffnungen und Lieben und Ängste teilnehmen bei der äußersten Krise dieser Sache ist man fast immer eins mit seinen Emotionen, Handlung und Emotion gehen zusammen, da ist gerade nur ein Augenblick dieses Zusammengehens aber er existiert sonst gibt es keine Vervollständigung da man kein Resultat hat, kein Resultat einer Szene an der man teilgenommen hat, und so instinktiv wenn irgendwelche Menschen einen aufregenden Augenblick miteinander erleben, gehen sie weiter und weiter und weiter bis die Sache eins geworden ist die Emotion die Handlung die Aufregung und das ist die Art wie es ist wenn irgendeine Heftigkeit da ist entweder des liebens oder hassens oder streitens oder verlierens oder erfolgreich seins. Aber da ist, da muß sein der Augenblick des alles miteinander Schritt haltens, die Emotion die Aufregung und die Handlung sonst gäbe es kein erfolgreich sein und kein versagen und so würde niemand weiterleben, nun ja selbstverständlich nicht.

Das ist Leben so wie es gelebt wird.

Nun ja selbstverständlich und da gibt es ein vernünftiges und zuweilen ein unvernünftiges und sehr oft kein vernünftiges Maß von Aufregung in jedermanns Leben und wenn es geschieht, geschieht es auf diese Weise.

Nun wenn Sie ein Buch lesen wie ist es. Gut es ist nicht genau so wie das nein nicht einmal wenn ein Buch sogar aufregender ist als jede Aufregung die man je gehabt hat. Vor allem kann man sich immer das Ende des Buches ansehen und so die eigene Aufregung dämpfen. Nachdem die Aufregung gedämpft worden ist, kann man die Aufregung genießen gerade so wie irgendeiner die Aufregung geniessen kann von irgend etwas das ihm geschehen ist durch erinnern und sie so immer wieder spürt aber jedes Mal weniger intensiv und jedes Mal bis alles vorüber ist. Jene die Bücher gerne wieder und wieder lesen, haben ständig diese Sensation der Aufregung als sei es ein angenehmes und fernes Donnern das grollt und grollt und je mehr es grollt gut je weiter es grollt desto angenehmer bis es gar nicht mehr grollt. Das ist bis man schließlich das Buch so oft gelesen hat daß es keine Aufregung mehr enthält sogar nicht einmal eine Spur und dann muß man warten bis man es vergessen hat und man es von neuem beginnen kann.

Nun das Theater hat noch eine andere Art dies alles für Sie zu sein, die Sache die Ihre Emotion und die Aufregung in Verbindung mit ihr verursacht.

Natürlich viele andere Dinge können diese Dinge vielen anderen Leuten tun das heißt viele Leute aufregen aber wie ich gesagt habe Wissen ist was man weiß und ich erzähle Ihnen natürlich was ich weiß, da ich so grundlegend an Wissen glaube.

Also dann noch einmal was tut das Theater und wie tut es das.

Was geschieht auf der Bühne und wie und wie empfindet man es. Das ist die Sache die man wissen muß, wissen muß und erzählen muß als solche.

Ist die gesehene Sache oder die gehörte Sache die Sache die einem im Theater den größten Eindruck macht. Wieviel hat das Hören damit zu tun und wie wenig. Ersetzt die gehörte Sache die gesehene Sache. Hilft es oder stört es sie.

Und wenn Sie an etwas teilhaben das wirklich geschieht das aufregend ist, wie ist es. Wirkt die gesehene Sache oder die gehörte Sache auf Sie und wirkt sie zur selben Zeit oder im

gleichen Ausmaß auf Sie oder tut sie es nicht. Können Sie mit hören warten oder können Sie mit sehen warten und was regt Sie am meisten auf. Und was hat jedes von ihnen zu tun mit der Vervollständigung der Aufregung wenn die Aufregung eine wirkliche Aufregung ist das heißt aufgeregt durch etwas das wirklich geschieht. Und dann nach und nach ersetzt das Hören das Sehen oder ersetzt das Sehen das Hören. Gehen sie zusammen oder tun sie es nicht. Und wenn das aufregende Etwas an dem Sie teilgenommen haben seine Vervollständigung erreicht, ersetzt das Hören das Sehen oder nicht. Ersetzt das Sehen das Hören oder nicht. Oder gehen beide weiter zusammen.
All dies ist sehr wichtig, und wichtig für mich und wichtig, gerade wichtig. Es hat natürlich sehr viel zu tun mit dem Theater sehr sehr viel.
Im Zusammenhang mit dem lesen eines aufregenden Buches ist die Sache wieder komplizierter als nur sehen, weil man natürlich beim lesen sieht aber auch hört und wenn die Geschichte am aufregendsten ist, hört man mehr als man sieht oder tut man es nicht.
Ich stelle Ihnen all diese Fragen weil natürlich beim schreiben all diese Dinge Dinge sind die wirklich ganz und gar wirklich aufregend sind. Aber natürlich ja.
Und beim stellen einer Frage antwortet man nicht sondern man entscheidet wie man sagen kann über Wissen. Wissen ist was man weiß und beim stellen dieser Fragen obgleich niemand da ist der diese Fragen beantwortet da ist in ihnen daß Wissen da ist. Wissen ist was man weiß.
Und ist nun die gesehene Sache oder die gehörte Sache die Sache die Sie im Theater am meisten beeindruckt, und nimmt wie die Szene im Theater fortschreitet, nimmt das Hören den Platz des sehens ein wie es es vielleicht tut wenn etwas wirklich höchst aufregend ist, oder nimmt sehen den Platz des hörens ein wie es es vielleicht tut wenn sich irgend

etwas wirkliches ereignet oder wird die Mischung noch gemischter, sehen und hören, wie es es vielleicht tut wenn irgend etwas wirklich aufregendes sich wirklich ereignet.
Wenn die Emotion des Menschen der sich Theater ansieht, tut oder nicht tut was sie tun würde wenn es wirklich ein wirkliches etwas wäre das geschieht und sie würden daran teilnehmen oder sie würden es ansehen, wenn die Emotion des Menschen der Theater ansieht dann am Höhepunkt eher zu Entspannung als zu Vollendung kommt, hat die Mischung von sehen und hören etwas damit zu tun und hat diese Mischung etwas zu tun mit der Nervosität der Emotion im Theater die vielleicht etwas zu tun hat mit der Tatsache daß die Emotion des Menschen im Theater der Szene im Theater immer nachhinkt oder voraus ist aber nicht mit ihr zusammengeht.
Es gibt da eine ganze Anzahl von Dingen die jeder weiß oder nicht weiß.
Ersetzt die gehörte Sache die gesehene Sache hilft es ihr oder stört es sie. Ersetzt die gesehene Sache die gehörte Sache oder hilft es oder stört es sie.
Ich vermute man sollte schon dazu gekommen sein eine ganze Menge über diese Dinge zu wissen durch das Kino und wie es von Sicht zu Ton wechselte und wieviel davon wirklich Ton war, wieviel von der Sicht Ton war oder wieviel es nicht war. Mit anderen Worten das Kino hatte unzweifelhaft eine neue Art des Verstehens von Sicht und Ton in Beziehung zu Emotion und Zeit.
Ich kann sagen daß tatsächlich die Sache die einen Menschen wie mich veranlaßt hat ständig über das Theater nachzudenken vom Standpunkt der Sicht und des Tones aus und seiner Beziehung zu Emotion und Zeit, eher als in Beziehung zu Erzählung und Handlung dieselbe wie man sagen kann allgemeine Form der Wahrnehmung ist wie die unvermeidlich durch das Kino gemachten Experimente ob-

gleich die Methode des so tuns natürlich nichts mit der anderen zu tun hat. Ich selber gehe nie ins Kino oder kaum je praktisch nie und das Kino hat nie mein Werk gelesen oder kaum je. Die Tatsache bleibt daß da derselbe Impuls ist das Problem von Zeit zu lösen in Beziehung zu Emotion und die Beziehung der Szene zur Emotion des Publikums in einem Fall wie im andern. Da ist derselbe Impuls das Problem zu lösen von der Beziehung von sehen und hören in einem Fall wie in dem andern.

Es ist kurz gesagt das unvermeidliche Problem von jedem der im Gefüge der heutigen Zeit lebt, das heißt leben wie wir jetzt leben wie wir es haben und jetzt darin leben.

Das Anliegen der Kunst wie ich in *Composition as Explanation* zu erklären versuchte, ist in der aktuellen Gegenwart zu leben, das heißt in der vollständigen aktuellen Gegenwart und jene vollständige aktuelle Gegenwart vollständig auszudrücken.

Aber um zurückzukommen auf jene andere Frage die ein so wichtiger Teil ist von jeder Szene im wirklichen Leben, in Büchern oder auf der Bühne, wie werden die Schauspieler der Sicht vorgestellt, dem hören und Bewußtsein des Menschen der durch sie die Emotion hat. Wie wird es in jedem Fall getan und was hat das zu tun mit der Art in der die Emotion fortschreitet.

Wie werden die Schauspieler in einer wirklichen Szene jenen vorgestellt die mit ihnen in jener Szene agieren und wie werden die wirklichen Schauspieler in einer wirklichen Szene Ihnen vorgestellt die Sie im Begriff sind in einer aufregenden Szene mit ihnen zu sein. Wie geschieht es, das heißt, wie es üblicherweise geschieht.

Und wie werden die Schauspieler in einer Buchszene dem Leser des Buches vorgestellt, wie kommt man dazu sie kennenzulernen, das heißt wie wird man ihnen wirklich vorgestellt.

Und wie werden die Leute auf der Bühne das heißt die Leute die die Schauspieler darstellen, wie werden sie dem Publikum vorgestellt und was ist der Grund warum, der Grund daß sie auf die Art vorgestellt werden in der sie vorgestellt werden, und was geschieht, und was hat es zu sagen, wie wirkt es auf die Gefühle des Publikums.
In einer wirklichen Szene, natürlich in einer wirklichen Szene, hat man entweder bereits alle Schauspieler sehr gut gekannt in der wirklichen Szene in der man einer ist, oder man hat nicht. Im allgemeinen hat man sie öfter gekannt als nicht, aber und dies ist das Element von Aufregung in einer aufregenden Szene es ist natürlich ganz das Element von Aufregung in einer wirklichen Szene das in einer wirklichen Szene ist, alles was man gewußt hat von den Menschen einschließlich einem selbst die teilnehmen an der aufregenden Szene, obwohl man sie höchstwahrscheinlich sehr gut gekannt hat, was es aufregend macht, ist daß insoweit die Szene aufregend ist sie die Schauspieler in der Szene einschließlich einem selbst ebenso gut hätten Fremde sein können weil sie alle anders handeln sprechen und fühlen als man erwartet hat daß sie handeln fühlen oder sprechen. Und dies daß sie anders fühlen handeln und sprechen einschließlich einem selbst als man gedacht hätte daß sie handeln sprechen und fühlen würden, macht die Szene zu einer aufregenden Szene und macht den Höhepunkt dieser Szene die eine wirkliche Szene ist zu einem Höhepunkt von Erfüllung und nicht zu einem Höhepunkt von Entspannung. Das ist was eine wirkliche Szene ist. Würde es irgendeinen Unterschied machen in einer wirklichen Szene wenn sie alle Fremde wären, wenn sie einander nie gekannt hätten. Ja es würde, es würde praktisch unmöglich sein in der wirklichen Szene eine wirklich aufregende Szene zu haben wenn sie alle Fremde wären weil allgemein gesprochen es der Widerspruch ist zwischen der Art in der man weiß wie die Men-

schen einschließlich einem selbst handeln und der Art in der sie handeln oder fühlen oder sprechen die aus jeder Szene die eine aufregende Szene ist eine aufregende Szene macht.
Natürlich gibt es andere aufregende Szenen im Frieden und im Krieg in denen die aufregende Szene mit Fremden stattfindet aber in jenem Fall mit dem Ziel der Aufregung sind Sie alle Fremde aber so vollständig Fremde, einschließlich Sie selbst für Sie selbst sowohl als die andern für einander und für Sie daß sie nicht wirklich Individuen sind und soweit das so ist, hat es den Vorteil und den Nachteil daß Sie fortschreiten durch eine Reihe von Ergänzungen die einander so eng folgen daß wenn es alles vorüber ist, Sie sich nicht erinnern können das heißt Sie können die Sache nicht wirklich rekonstruieren, die Sache die geschehen ist. Das ist etwas worüber man nachdenken muß im Zusammenhang mit dem Theater und es ist eine sehr interessante Sache. Dann in einem Fall wie jenem da sie alle Fremde sind in einer aufregenden Szene was geschieht soweit es hören und sehen betrifft. Wenn in einer aufregenden Szene in der Sie alle Fremde sind Sie für sich selbst und Sie für die andern und die andern für Sie und die anderen für einander, und wo keiner von allen anderen einschließlich Sie selbst irgendein Bewußtsein vom einanderkennen haben, haben Sie den Nachteil vom nicht kennen des Unterschiedes zwischen hören und sehen und ist das ein Nachteil vom Standpunkt des erinnerns. Von jenem Standpunkt ist der Standpunkt des erinnerns ein ernsthafter Nachteil.
Aber wir können sagen daß jene aufregende Erfahrung von aufregenden Szenen in denen man wirklich keine Bekanntschaft mit den anderen Schauspielern sowohl als keine mit sich selbst in einer aufregenden Handlung hat verhältnismäßig selten ist und nicht das übliche Material von Aufregung ist wie es aufregend ist in der Erfahrung des Durchschnittsmenschen.

Wie ich sage in der Art von Aufregung da man keine normale Einführung zu den Schauspielern der Szene gehabt hat, sind die Handlung und die Emotion so heftig daß Sicht Ton und Emotion so wenig wahrgenommen werden daß man sich nicht daran erinnern kann und daher hat es in einer Art und Weise wirklich nichts zu tun mit irgend etwas weil es wirklich mehr aufregende Handlung ist als aufregende Emotion oder Aufregung. Ich denke ich kann sagen daß diese nicht das gleiche sind. Haben sie irgend etwas zu tun mit der Art wie das Theater einen wissen läßt oder nicht wissen läßt was die Leute auf der Bühne sind. Vielleicht ja und vielleicht nein.

Im gewöhnlichen Leben hat man die Leute ganz gut gekannt mit denen man die aufregende Szene hat bevor die aufregende Szene stattfindet und eines der aufregendsten Elemente der Aufregung sei es Liebe oder ein Streit oder ein Kampf ist daß, da sie gut bekannt waren das heißt familiär bekannt, sie alle handeln beim heftig handeln sie in der gleichen Art handeln wie sie es immer taten natürlich ist die gleiche Art nur so vollständig anders geworden daß vom Standpunkt der familiären Bekanntschaft keine da ist da ist vollständige Familiarität aber da ist keine Proportion die bis dahin bekannt war, und es ist das was die Szene die wirkliche Szene aufregend macht, und es ist das was zu Erfüllung führt, die Proportion vollbringt in Ihrer Emotion die neue Proportion daher ist es Erfüllung aber nicht Entspannung. Eine neue Proportion kann keine Entspannung sein.

Nun wie wird man natürlich bekannt im wirklichen Leben das einen Familiarität haben läßt mit irgendeinem. Bei fortdauernder Familiarität sebstverständlich.

Und wie erreicht man diese Familiarität mit den Personen in einem Buch oder mit den Personen auf der Bühne. Und tut man es.

Im wirklichen Leben ist Familiarität natürlich das Resultat

von Zufall, Absicht oder natürlichen Ursachen aber in jedem Fall ist da eine fortschreitende Familiarität die einen bekannt macht.

Nun in einem Buch gibt es einen Versuch dieselbe Sache zu tun das heißt, eine doppelte Sache zu sagen, zu tun um die Leute in dem Buch miteinander bekannt zu machen und um den Leser mit ihnen bekannt zu machen. Das ist der Grund in einem Buch ist es immer eine merkwürdige Duplizität, die Familiarität zwischen den Charakteren in dem Buch ist eine fortschreitende Familiarität und die Familiarität zwischen ihnen und dem Leser ist eine Familiarität die ein zwingender Vorgang ist oder eine Inkubation. Es bewirkt selbstverständlich Doppelzeitigkeit und später zu einer anderen Zeit werden wir uns damit befassen.

Aber nun was ist mit dem Theater.

Es ist nicht möglich im Theater Familiarität herzustellen die aus dem Stoff von Bekanntschaft ist, weil vor allem wenn die Schauspieler da sind sie da sind und sie sind sofort da.

Wenn man ein Theaterstück liest und sehr oft liest man ein Theaterstück, auf jeden Fall las man Shakespeares Theaterstücke sehr viel wenigstens tat ich es, war es immer notwendig den Finger auf dem Personenverzeichnis zu halten wenigstens während des ganzen ersten Aktes, und auf gewisse Weise ist es notwendig dasselbe zu tun wenn das Stück gespielt wird. Man hat dazu sein Programm und außerdem muß man bekannt werden oder ist es schon mit den Schauspielern als Schauspieler und dazu hat man auch das Programm. Und so hat die Einführung zu den Personen auf der Bühne sehr viel verschiedene Aspekte. Und das hat wieder eine ganze Menge zu tun mit der Nervosität der Theater-Aufregung.

Jeder der aufgewachsen war wie ich, und zu der Zeit da ich aufgewachsen war, aufgewachsen war in Oakland und in San Francisco ging unvermeidlich viel ins Theater. Schauspieler in jenen Tagen gingen gern an die Küste und da es teuer war zurückzugehen und nicht teuer zu bleiben, blieben sie dort. Abgesehen davon daß dort sehr viele fremde Schauspieler waren die kamen und nachdem sie gekommen waren, blieben und jeder Schauspieler der bleibt, spielt und so war da immer auf der Bühne sehr viel zu sehen und Kinder kamen, sie kamen miteinander und sie kamen allein, und sie kamen mit Leuten die älter waren, und da gab es eine fünfundzwanzig Cent Oper zu der jeder ging und das Theater war natürlich und jeder ging ins Theater. Ich ging sehr viel in jenen Tagen. Ich las auch sehr viel Theaterstücke. Ich las Theaterstücke recht gern, ich las Theaterstücke sehr gern. Vor allem gab es beim lesen von Theaterstücken wie ich gesagt habe die Notwendigkeit vorwärtszugehen und zurück zum Personenverzeichnis um herauszufinden was was war und es dann selbstverständlich zu wissen. Dann gab es da die Poesie und dann allmählich gab es da die Porträts.

Ich kann mich ganz bestimmt erinnern daß es beim lesen von Theaterstücken sehr entschieden diese drei Dinge gab, die Art bekannt zu werden die keine Imitation von dem war was man gewöhnlich tat, sondern das sich erinnern müssen welche Person welche war. Das war sehr verschieden vom wirklichen Leben oder von einem Buch. Dann gab es da das Element von Poesie. Poesie verbunden mit einem Theaterstück war lebendigere Poesie als Poesie nicht verbunden mit einem Theaterstück. Vor allem gab es sehr viele Stellen die kurz waren und zuweilen war es nur eine Zeile.

Ich erinnere mich an *Heinrich VI.* den ich las und wiederlas und den ich natürlich nie gespielt gesehen habe aber den ich gerne las weil es da so viele Personen gab und es da so viele kleine Stellen gab die lebendige Worte waren. In der Poesie von Theaterstücken sind Worte lebendiger als Worte in irgendeiner anderen Art von Poesie und wenn man natürlich lebendige Worte gern hat und ich hatte es natürlich, liest man gern Theaterstücke in Poesie. Als Kind las ich immer alle Theaterstücke deren ich habhaft werden konnte die in Poesie geschrieben waren. Theaterstücke in Prosa lesen sich nicht so gut. Die Worte in Prosa sind lebendiger wenn sie kein Theaterstück sind. Ich sage gar nichts über das warum, es ist einfach eine Tatsache.

So gab es dann für mich das Lesen von Theaterstücken das eine Sache war und dann gab es das Sehen von Theaterstücken und von Opern von sehr vielen das eine andere Sache war.

Später so sehr viel später gab es für mich das Schreiben von Theaterstücken das eine Sache war und da gab es zu jener Zeit nicht länger irgendein sehen von Theaterstükken. Ich hatte praktisch als ich mein erstes Theaterstück schrieb vollkommen aufgehört ins Theater zu gehen. Tatsächlich obwohl ich sehr viele Theaterstücke geschrieben habe und ich bin ganz sicher es sind Theaterstücke, bin ich seit ich begonnen habe diese Theaterstücke zu schreiben, bin ich praktisch niemals innen in irgendeiner Art von Theater gewesen. Selbstverständlich war nichts davon beabsichtigt, man kann sagen allgemein gesprochen daß alles was wirklich unvermeidlich ist das heißt notwendig, nicht beabsichtigt ist.

Aber um zurückzukommen auf die Theaterstücke die ich sah, und um dann weiterzugehen zu den Stücken die ich schrieb.

Es war dann eine natürliche Sache in Oakland und in San Francisco wo ich aufgewachsen bin eine große Menge Theaterstücke gespielt zu sehen. Außerdem wurde da sehr viel Oper gespielt und so war alles natürlich genug und was empfand ich dabei.

Allgemein gesprochen sind all die trüben Erinnerungen alles was ein Kind beim Theater empfindet zwei Dinge

Eines das in einer Art wie ein Zirkus ist das heißt die allgemeine Bewegung und Licht und Luft die jedes Theater hat, und sehr viel Geglitzer im Licht und sehr viel Höhe in der Luft, und dann gibt es da Augenblicke, sehr sehr wenig Augenblicke aber dennoch Augenblicke. Man muß schon ziemlich erwachsen sein ehe man ein ganzes Theaterstück begreift.
Bis zur Zeit des erwachsen seins wenn man wirklich in einem ganzen Theaterstück lebt bis zu jener Zeit besteht das Theater aus hellem ausgefülltem Raum und gewöhnlich nicht mehr als einem Augenblick in einem Theaterstück. Ich denke das ist einfach jedermanns Erfahrung und es war vollkommen meine.
Onkel Toms Hütte mag nicht mein erstes Theaterstück gewesen sein aber es war nahezu mein erstes Theaterstück. Ich denke mein erstes wirkliches Theaterstück war *Pinafore* in London aber das Theater dort war so riesig daß ich mich überhaupt nicht mehr erinnern kann eine Bühne gesehen zu haben ich erinnere mich nur daß es sich wie ein Theater fühlte das heißt das Theater tat es. Ich zweifle daß ich die Bühne sah.
Von *Onkel Toms Hütte* ist mir nur die Flucht über das Eis in Erinnerung, ich stelle mir vor weil die sich auf und nieder bewegenden Eisblöcke natürlich mein Auge mehr gefangen hielten als die Leute auf der Bühne.
Die nächste Sache war die Oper, die fünfundzwanzig Cent Oper von San Francisco und der Kampf im *Faust*. Aber das stelle ich mir vor war vor allem weil mein Bruder mir von dem Kampf im *Faust* erzählt hatte. Tatsächlich sah ich allmählich mehr von der Oper weil ich sie ziemlich häufig sah. Dann gab es Buffalo Bill und den Indianerangriff, nun natürlich jeder der aufwuchs wo jedermann Pfeilspitzen sammelte und Indianer spielte, hätte Indianer bemerkt. Und dann gab es *Lohengrin*, und da war alles was ich sah der

Schwan der in einen Knaben verwandelt wurde, aber weil wir darauf bestanden es zu sehen, versäumte mein Vater mit uns das letzte Schiff heim nach Oakland, aber meinem Bruder und mir machte das nichts aus, natürlich nicht in dem Augenblick.

Obwohl ich ziemlich oft Opern gesehen habe, war die erste Sache an die ich mich als Ton auf der Bühne erinnere das Spiel irgendeines englischen Schauspielers als Richelieu im Oakland Theater und sein wiederholter Ausruf, *Nemours Nemours*. Das ist die erste Sache an die ich mich erinnere mit den Ohren im Theater gehört zu haben und wie ich sage, gibt es nichts interessanteres über das Theater zu wissen als die Beziehung zwischen Sicht und Ton. Es ist immer die interessanteste Sache bei allem zu wissen ob man hört oder sieht. Und was das eine mit dem anderen zu tun hat. Es ist eine der wichtigen Sachen beim herausfinden wie man weiß was man weiß.

Dann vergesse ich niemals Booth als Hamlet aber da war wieder die einzige Sache die ich bemerkte und es ist eine ziemlich merkwürdige Sache bemerkt zu haben, sein der Königin zu Füssen liegen während des Spiels. Man könnte annehmen daß ein Kind in einem Theaterstück andere Dinge als diese bemerken würde aber das ist es woran ich mich erinnere und ich bemerkte ihn da mehr als das Stück das ich sah, obwohl ich wußte daß da ein Theaterstück vor sich ging, das heißt das kleine Theaterstück. Es war auf diese Weise daß ich zum ersten Mal fühlte daß zwei Dinge gleichzeitig vor sich gingen. Man muß dazu kommen das zu fühlen.

Dann die nächste Sache die ich wußte, war erwachsen sein und ständiges ins Theater gehen, sehr viel allein, und all das eine äußere innere Existenz für mich machend, nicht so wirklich wie Bücher die ganz in mir waren, aber so wirklich daß es, das Theater mich wirklich aus mir heraus-

brachte was ich bis zu jener Zeit in meiner Emotion niemals gewesen war. Ich war vorwiegend so in einem aktiven täglichen Leben gewesen aber nicht in irgendeiner Emotion. Dann allmählich kam da der Beginn des wirklich bewußtwerdens der großen Schwierigkeit daß meine Emotion die Szene begleitet und dann wurde ich noch dazu ziemlich bewußt gestört durch die Dinge über die man stolpert über die man stolpert in einem solchen Ausmaß daß die Zeit der eigenen Emotion in Beziehung zu der Szene immer unterbrochen wurde. Die Dinge über die man stolperte und da war es eine Angelegenheit sowohl des sehens wie des hörens, waren Kleider, Stimmen, was sie, die Schauspieler sagten, wie sie gekleidet waren und wie sich das auf ihr sich bewegen bezog. Dann die Verstimmung des niemals wieder beginnen könnens weil es vorüber war ehe es angefangen hatte, und man zu keiner Zeit bereit gewesen war, entweder anzufangen oder fertig zu sein. Dann begann ich mich vage zu fragen ob ich zu gleicher Zeit sehen und hören könnte und was dem anderen half oder ins Gehege kam und was der Sache auf der Bühne half oder ihr ins Gehege kam, vorbei seiend ehe es wirklich anfing. Konnte ich sehen und hören und fühlen zur gleichen Zeit und tat ich es.
Diese Dinge begannen mich ziemlich zu stören, je mehr Emotion ich fühlte während ich im Theater war desto mehr begannen mich all diese Dinge zu stören.
Und dann war ich erleichtert.
Wie ich sagte, war San Francisco ein wunderbarer Ort um fremde Schauspieler zu sehen und zu hören da es ihnen zu jener Zeit gefiel wenn sie hinkamen und sie blieben und sie spielten.
Ich muß ungefähr sechzehn Jahre alt gewesen sein und Sarah Bernhardt kam nach San Francisco und blieb zwei Monate. Ich konnte ein wenig französisch natürlich aber das spielte wirklich keine Rolle, es war alles so fremd und

ihre Stimme so wandlungsfähig seiend und alles so französisch seiend, konnte ich darin ungestört verweilen. Und ich tat es.

Es war besser als die Oper weil es weiterging. Es war besser als das Theater weil man nicht bekannt werden mußte. Die Sitten und Gebräuche des französischen Theaters schufen eine Sache an sich und sie existierte in und für sich selbst wie es die poetischen Theaterstücke getan hatten die ich so viel zu lesen pflegte, da gab es so viele Personen ebenso wie in jenen Stücken und man mußte sie nicht kennen sie waren so fremd, und die fremde Szenerie und Aktualität ersetzten die Poesie und die Stimmen ersetzten die Porträts. Es war für mich ein sehr einfaches direktes und bewegendes Vergnügen.

Diese Erfahrung merkwürdig genug und doch war es vielleicht nicht so merkwürdig erweckte in mir ein Verlangen nach Melodrama auf der Bühne, weil dort wieder alles so ruhig geschah man mußte nicht bekannt werden und da was die Leute fühlten keine Wichtigkeit war, mußte man sich nicht klar werden über das was gesagt wurde.

Dieses Vergnügen am Melodrama und in jenen Tagen gab es immer ein Theater in einer theaterinteressierten Stadt das Melodrama spielte, dieses Vergnügen am Melodrama gipfelte für mich in den Bürgerkriegsdramen jener Periode und das beste von ihnen war natürlich *Secret Service*. Gillette hatte eine neue Technik entwickelt, Schweigen Stille und schnelle Bewegung. Natürlich war es im Melodrama schon durch die Bösewichte gemacht worden vor allem in solchen Stücken wie *The Queen of Chinatown* und jenen die mit Telegrafisten zu tun hatten. Aber Gillette hatte es nicht nur getan sondern er hatte es entwickelt und es machte die ganze Bühne das ganze Stück aus diese Technik Schweigen Stille und schnelle Bewegung. Man fühlte sich nicht länger gestört durch das Theater, man mußte natürlich bekannt werden aber das war schnell vorüber und danach störte nichts. Tatsächlich schuf Gillette etwas was das Kino später wiederholte durch mischen von Kurzgeschichte und Bühne aber da ist dennoch die Schwierigkeit mit dem Kino daß es schließlich eine Fotografie ist, und eine Fotografie fährt fort eine Fotografie zu sein und kann es dennoch etwas anderes werden. Vielleicht kann es aber das ist eine ganz andere Frage. Wenn es kann dann wird jemand das dabei empfinden müssen. Aber um weiterzugehen.

Von da an interessierte ich mich weniger und weniger für das Theater.

Ich bekam mehr Interesse an der Oper, ich ging man ging und die ganze Angelegenheit wurde fast eines und dann endlich, gerade endlich, kam ich dazu mir überhaupt nichts mehr aus Musik zu machen und so beschlossen habend daß Musik für Jugendliche gemacht ist und nicht für Erwachsene und die Jugend gerade hinter mir gelassen habend und außerdem kannte ich alle Opern auf jeden Fall machte ich mir zu jener Zeit nichts mehr aus der Oper.

Dann kam ich nach Paris und lebte dort und ging lange Zeit überhaupt nicht mehr ins Theater. Ich vergaß das Theater, ich dachte nie an das Theater. Ich dachte manchmal an die Oper. Ich ging einmal in Venedig in die Oper und es gefiel mir und dann viel später wurde mir bei *Elektra* von Strauß bewußt daß es in irgendeiner Art eine Lösung des Problems von Konversation auf der Bühne geben könne. Außerdem war es eine neue Oper und es ist ganz aufregend etwas unbekanntes wirklich unbekanntes zu hören.

Aber wie ich sage, ich wurde mit dem Pariser Leben vertraut und ich vergaß das Theater und vergaß fast die Oper. Da gab es natürlich Isadora Duncan und dann das Russische Ballett und dazwischen Spanien und Argentinien und Stierkämpfe und ich begann einmal mehr etwas zu fühlen über etwas das in einem Theater vorgeht.

Und dann ging ich zurück, nicht in meinem lesen sondern in meinem Gefühl zum lesen von Theaterstücken in meiner Kindheit, die vielen Personen, die Poesie und die Porträts und die Szenerie die natürlich immer Wälder war und es natürlich immer sein sollte das heißt Waldungen und Bäume und Straßen und Fenster.
Und so begann ich eines Tages ganz plötzlich Theaterstücke zu schreiben.
Ich erinnere mich sehr gut an das erste das ich schrieb. Ich nannte es *What Happened, a Play* [Was geschah, ein Theaterstück], es steht in *Geography and Plays* wie alle Theaterstücke die ich damals schrieb. Ich denke und habe es immer gedacht daß wenn man ein Theaterstück schreibt man ankündigen sollte daß es ein Theaterstück ist und das ist was ich tat. *What Happened, a Play.*
Ich war gerade von einer angenehmen Abendgesellschaft nach Hause gekommen und dann wurde mir bewußt daß wie jeder wissen kann immer etwas geschieht.
Etwas geschieht immer, jeder kennt aus dem Leben von Leuten eine Menge Geschichten die immer geschehen, es gibt immer sehr viele für die Zeitungen und es gibt immer sehr viele im Privatleben. Jeder kennt so viele Geschichten und was hat es für einen Sinn eine andere Geschichte zu erzählen. Was hat es für einen Sinn eine Geschichte zu erzählen da es doch so viele gibt und jeder kennt so viele und erzählt so viele. Auf dem Lande ist es ganz außerordentlich wie viele komplizierte Dramen sich immerzu ereignen. Und jeder kennt sie, so warum eine andere erzählen. Es ereignet sich immer eine Geschichte.
So natürlich was ich in meinem Theaterstück tun wollte, war was nicht jeder immer wußte noch immer erzählte. Unter jedem verstehe ich natürlich auch mich unter immer verstehe ich natürlich auch mich.
Und so schrieb ich, *What Happened, a Play.*

Dann schrieb ich *Ladies Voices* und dann schrieb ich einen *Curtain Raiser* (Einakter). Das tat ich zuletzt weil ich noch mehr erzählen wollte was erzählt werden könnte wenn man gar nichts erzählt.

Vielleicht werde ich Ihnen später etwas davon vorlesen.

Dann ging ich nach Spanien und dort schrieb ich sehr viele Theaterstücke. Ich stellte fest daß alles was keine Geschichte war ein Theaterstück sein konnte und ich machte sogar Theaterstücke aus Buchstaben und Reklamen.

Ich hatte bevor ich Theaterstücke zu schreiben begann viele Porträts geschrieben. Ich war mein ganzes Leben lang enorm daran interessiert gewesen herauszufinden was jeden zu jenem machte und so hatte ich sehr viele Porträts geschrieben.

Ich kam dazu zu denken daß da jeder jener ist und da es eine Anzahl von ihnen gibt jeder jener seiend, die einzige Art diese Sache auszudrücken jeder jener seiend und es eine Anzahl von ihnen gebend die einander kennt in einem Theaterstück war. Und so begann ich diese Stücke zu schreiben. Und die Idee in *What Happened, a Play* war das auszudrücken ohne zu erzählen was geschah, kurz ein Stück zur Essenz dessen zu machen was geschah. Ich versuchte das zu tun mit der ersten Reihe von Stücken die ich schrieb.

Ein Tiger ein Riß und umgeben ein Mantel sicher gefleckt alt genug um nützlich gedacht zu sein und witzig ganz witzig in einem geheimen und blind machenden Schauer.

Geography And Plays (Four Seas Co.) Seite 205.

(Drei)

Vier und niemand verwundet, fünf und niemand erfolgreich, sechs und niemand gesprächig, acht und niemand vernünftig.

Eins und ein linkshändiges heben das so schwer ist daß man nicht mehr richtig reden kann.

Eine Frage von Genauigkeit, eine Frage eines seltsamen Ofens, eine Frage die so nüchtern ist daß der übrig gebliebene Grund die ganze Möglichkeit des berstens ist.

(Dieselben drei)

Eine breite Eiche eine genügend breite Eiche, ein sehr breiter Kuchen, eine leuchtende Süßspeise, eine einzelne weit offene und ausgetauschte Schachtel gefüllt mit demselben kleinen Sack der glänzt.

Der beste der einzig bessere und mehr linksfüßige Fremde.

Die echte Güte die in allen Zitronen Orangen Äpfeln Birnen und Kartoffeln ist.

(Dieselben drei)

Ein gleicher Rahmen ein traurigeres Portal, ein einzelnes Gitter und ein eingeklammertes Mißgeschick.

Ein reicher Markt auf dem es keine Erinnerung gibt an mehr Mond als es überall gibt und auf dem es dennoch merkwürdigerweise Trachten gibt und eine ganze Gruppe.

Eine Verbindung, eine Muschelschalen-Verbindung, ein Überblick, ein Billett und eine Rückkehr zum darüber legen.

(Zwei)
Ein Schnitt, ein Schnitt ist nicht eine Scheibe, welche Gelegenheit gibt es einen Schnitt und eine Scheibe darzustellen. Welche Gelegenheit gibt es für all das.
Ein Schnitt ist eine Scheibe, ein Schnitt ist dieselbe Scheibe. Der Grund daß ein Schnitt eine Scheibe ist, ist daß wenn es keine Eile gibt jede Zeit ebenso nützlich ist.
Geography And Plays. Seite 206.

Ich habe natürlich immer mit dieser Sache gekämpft, zu sagen was weder Sie wissen noch was ich noch was niemand weiß, aber was ist wirklich was Sie wissen und was ich und was jedermann weiß, und wie ich sage, hört jedermann Geschichten aber die Sache die jeden zu dem macht was er ist, ist nicht jene. Jedermann hört Geschichten und kennt Geschichten. Wie können sie nicht weil es das ist was jeder tut und was jedermann erzählt. Aber in meinen Porträts habe ich versucht zu erzählen was jeder einzelne ist ohne Geschichten zu erzählen und nun in meinen frühen Stücken versuchte ich zu erzählen was geschah ohne Geschichten zu erzählen so daß die Essenz von dem was geschah wie die Essenz von den Porträts sein würde, was das was geschah zu dem machte was es war. Und dann war ich für den Augenblick so weit gegangen wie ich damals in Stücken gehen konnte und ich ging zurück zu Poesie und Porträts und Beschreibung.
Dann begann ich meine Sommer in Bilignin zu verbringen im Departement Ain und dort lebte ich in einer Landschaft die sich selber ihre eigene Landschaft machte. Allmählich fühlte ich daß da die Landschaft die Sache war, ich hatte versucht sie in *Lucy Church Amiably* niederzuschreiben und ich tat es aber ich wollte es sogar mehr wirklich, kurzum

ich fand daß da die Landschaft die Sache war, ein Theaterstück eine Sache war und ich fuhr fort Theaterstücke zu schreiben sehr viele Theaterstücke. Die Landschaft von Bilignin machte so vollkommen ein Theaterstück daß ich eine Fülle von Theaterstücken schrieb.

Ich fühlte daß wenn ein Theaterstück genau so ist wie eine Landschaft es dann keine Schwierigkeit gäbe über die Emotion der Person die sich das Stück ansieht hinter dem Stück zurück oder dem Stück voraus seiend weil die Landschaft keine Bekanntschaft machen muß. Man mag Bekanntschaft mit ihr machen müssen, aber sie macht es nicht mit einem, sie ist da und da das Stück geschrieben wurde, ist die Beziehung dazu jederzeit genau so das daß es ohne Belang ist bis man es ansieht. Gut ich habe es angesehen und das Resultat ist in allen Stücken die ich als *Operas and Plays* gedruckt habe.

MARIUS. Ich bin sehr froh ich bin wirklich sehr froh daß es ein großes Vergnügen ist.

MARTHA. Wenn vier an einem Tisch sitzen und einer von ihnen darauf liegt, macht es keinen Unterschied. Wenn Brot und Granatäpfel auf dem Tisch sind und vier an dem Tisch sitzen und einer von ihnen sich über ihn beugt, macht es keinen Unterschied.

MARTHA. Es macht keinen Unterschied wenn vier an einem Tisch sitzen und einer sich über ihn beugt.

MARYAS. Wenn fünf an einem Tisch sitzen und Brot auf ihm ist und Granatäpfel auf ihm sind und einer von den fünf sich über den Tisch beugt, macht es keinen Unterschied.

MARTHA. Wenn an einem Tag der wiederkommt und wenn wir einen Tag einen Wochentag betrachten, kommt er wieder wenn an einem Tag der wiederkommt und wir betrachten jeden Tag als einen Tag der wiederkommt der wiederkommt dann wenn zufällig wenn ganz zufällig jeder andere Tag und jeder andere Tag jeder andere Tag und jeder andere Tag der wiederkommt und jeder Tag kommt wieder wenn zufällig jeder andere Tag wiederkommt, jeder andere Tag wiederkommt und jeder andere und jeder Tag kommt wieder und zufällig und jeder Tag und er kommt wieder, ein Tag kommt wieder und ein Tag kommt auf diese Weise wieder.

MARYAS. Zufällig am Morgen und danach jeden Abend und zufällig jeden Abend und danach jeden Morgen und danach zufällig jeden Morgen und danach zufällig und danach jeden Morgen.

MARYAS. Danach zufällig. Zufällig danach.

MARYAS. Zufällig danach. Danach zufällig.

MARYAS UND MARTHA. Mehr Maryas und mehr Martha.

MARYAS UND MARTHA. Mehr Martha und mehr Maryas.

MARTHA UND MARYAS. Mehr und mehr und mehr Martha und mehr Maryas.

MARIUS. Man spricht davon in dieser Art.

MABEL. Man spricht davon in dieser Art.

MARIUS UND MABEL. Man spricht in dieser Art und man spricht davon in dieser Art.

MARIUS UND MABEL. Man spricht davon in dieser Art.

MABEL. Ich spreche davon in dieser Art.

MARIUS. Ich habe davon gesprochen in dieser Art und ich spreche es in dieser Art. Ich habe davon in dieser Art gesprochen.

MABEL. Ich spreche davon in dieser Art.

Operas And Plays. (Plain Edition) Random House. Seite 92.

Die Landschaft hat ihre Struktur und da schließlich ein Stück Struktur haben muß und eine Sache zu der andern Sache in Beziehung sein muß und da die Geschichte nicht die Sache ist da jeder immer etwas erzählt dann die Landschaft sich nicht bewegend sondern immer in Beziehung seiend, die Bäume zu den Hügeln die Hügel zu den Feldern die Bäume zueinander jedes Stück davon zu jedem Himmel und dann jede Einzelheit zu jeder anderen Einzelheit, ist die Geschichte nur von Wichtigkeit wenn Sie eine Geschichte gern erzählen oder gern hören aber die Beziehung ist auf jeden Fall da. Und von jener Beziehung wollte ich ein Theaterstück machen und ich tat es, sehr viele Theaterstücke.

SAG ES MIT BLUMEN

Ein Theaterstück

George Henry, Henry Henry und Elisabeth Henry.
Nebenpersonen.
Elisabeth und William Long.
Zeit Ludwig XI.
Platz Gisors.
Handlung in einer Konditorei und an der Küste.
Andere Interessen.
Die Begrüßung von einem Mann und seinem Hund
und der Wunsch daß sie rascher zurückkämen.

George Henry und Elisabeth Henry und Henry Henry
nachdenkend
Elisabeth und William Long
wartend
Wer hat von ihnen verlangt nett zu mir zu sein.
Sie sagte sie warte.

George Henry und Elisabeth Henry und Henry Henry.
Wer könnte schlafen wenn sie nicht auf mich warten würden.
Sie.
Elisabeth Henry und Henry Henry und George Henry.
Sie könnte mit mir warten.
Henry Henry durchaus bereit mit mir hier zu sein.

Szenerie.
Das Haus in dem sie auf William warteten

Sehne dich danach sie zu bitten herzukommen und bitte sie nicht auf sie zu warten.
Werden sie schlafen während sie warten.
Sie werden von allem entzückt sein.
Was ist alles.
Eine Hyazinthe ist alles.
Werden sie schlafen während sie auf alles warten.

William Long und Elisabeth Long waren so still daß man das Brechen einer Eierschale hätte hören können. Sie waren den ganzen Tag lang mit allem beschäftigt.
Elisabeth und William Long waren sehr beschäftigt zu warten daß er kommt und seinen Hund mitbringt.
Warum gingen sie nicht mit ihm.
Weil sie mit warten beschäftigt waren.
Operas And Plays. Seite 331.

Szene II

Ludwig XI. liebte ein Boot
Ein Boot auf der Seine
Sinkt und entschwindet.
Blätter die Muster haben
Sie mit Entzücken.
Mach daß es geliehen wird
Um ihre Begrenzung zu vollziehen
Sie werden fortgehen
Ohne das wird es etwas ausmachen.

LUDWIG XI.

Hat Gold für Frankreich gewonnen
Und auf diese Weise.
Er hat sich häuslich niedergelassen sie und ein Mädchen
Er und eine Frau
Er und ein Freund
Sie und ihre Mutter
Die Mutter und der Sohn Percy.

Operas And Plays. Seite 352.

MADAME RECAMIER

YVONNE MARIN

Aus laut ist wenn die Mutter wünscht
Wenn der Bruder tüncht
Wenn der Vater erwägt Wünsche
Wenn die Schwester vermutet Wünsche
Sie wird sich anders überlegen zu sagen ich sage ich sage so.
Laß sie denken nichts zu lernen.

Laß sie denken alles zu sehen
Laß sie so denken.

FLORENCE DESCOTES

Niemals rastlos sein
Niemals ängstlich sein
Niemals fragen werden sie kommen
Niemals gemacht zu haben
Niemals gern zu haben gehabt zu haben
Wenig das dann geblieben ist
Sie machte es dabei
Eins und zwei
Danke ihr für alles.

MADAME RECAMIER

Es ist nicht gedankenlos gut von ihnen zu denken.

LOUIS RAYNAL

Ein Ort wo sie sitzt
Ist ein Ort wo sie waren
Operas And Plays. Seite 365.

Das einzige natürlich das gespielt worden ist, ist *Four Saints.* In *Four Saints* machte ich die Heiligen zur Landschaft. All die Heiligen die ich machte und ich machte eine Anzahl von ihnen weil schließlich sehr viele Teile von Dingen in einer Landschaft sind all diese Heiligen zusammen machten meine Landschaft. Diese begleitenden Heiligen waren die Landschaft und es das Stück ist wirklich eine Landschaft. Eine Landschaft bewegt sich nicht nichts bewegt sich wirklich in einer Landschaft aber Dinge sind da, und ich tat in das Stück die Dinge die da waren.

Elstern sind in der Landschaft das heißt sie sind in dem Himmel einer Landschaft, sie sind schwarz und weiß und sie sind in dem Himmel der Landschaft in Bilignin und in Spanien, vor allem in Avila. Wenn sie am Himmel sind, tun sie etwas das ich nie irgendeinen anderen Vogel habe tun sehen sie schweben auf und nieder und sehen flach aus gegen den Himmel.

Ein sehr berühmter französischer Erfinder von Dingen die mit Stabilisierung im Flugwesen zu tun haben, sagte mir daß das was ich gesagt habe was Elstern tun von keinem anderen Vogel getan werden könnte aber ob die Elstern von Avila es überhaupt tun oder nicht sie sehen wenigstens aus als ob sie es täten. Sie sehen genau so aus wie die Vögel in Verkündigungsbildern der Vogel der der Heilige Geist ist und flach auf der Seite gegen den Himmel bleibt sehr hoch.

Es gab Elstern in meiner Landschaft und es gab Vogelscheuchen.

Die Vogelscheuchen am Boden sind dieselbe Sache wie die Elstern am Himmel, sie sind ein Teil der Landschaft.

Sie die Elstern mögen ihre Geschichte erzählen wenn sie es gern haben oder man es gern hat oder selbst wenn ich es gern habe aber Geschichten sind nur Geschichten aber daß sie in der Luft bleiben, ist nicht eine Geschichte sondern eine Landschaft. Daß Vogelscheuchen am Boden bleiben, ist dieselbe Sache es könnte eine Geschichte sein aber es ist ein Stück der Landschaft.

Dann wie ich sagte, sind Straßen und Fenster auch Landschaft und sie trugen zu meiner spanischen Landschaft bei. Während ich *Four Saints* schrieb, wollte ich man will immer daß die Heiligen wirklich Heilige sind sowohl von vorne wie auch von innen, ich mußte sie sowohl sehen wie auch fühlen. Es traf sich daß es am Boulevard Raspail einen Ort gab wo sie Fotografien machen die immer meine Aufmerksamkeit auf sich gezogen haben. Sie machen eine Fotografie von einem jungen Mädchen in ihrem Alltagskleid und nach und nach in aufeinanderfolgenden Fotografien verwandeln sie es in eine Nonne. Diese Fotografien sind klein und die Sache braucht vier oder fünf Verwandlungen aber am Ende ist es eine Nonne und das wird für die Familie gemacht wenn die Nonne tot ist und zum Andenken. Jahrelang habe ich dagestanden und zugeschaut wenn ich spazieren ging und schließlich als ich *Saint Therese* schrieb, sah ich beim betrachten dieser Fotografien wie die Heilige Therese lebte vom Dasein einer durchschnittlichen jungen Dame an zu dem einer Nonne. Und so war alles wirklich und ich fuhr fort zu schreiben.

Dann war in einem anderen Schaufenster diesmal in der Rue de Rennes eine ziemlich große Porzellangruppe und sie stellte einen jungen Soldaten dar der einem Bettler Almosen gab und seinen Helm und seine Rüstung abnahm und sie in der Obhut eines andern ließ.

Es war irgendwie genau das was der junge Sankt Ignatius tat und jedenfalls sah es aus wie er nach dem was ich von ihm wußte und so wurde er auch wirklich nicht so wirklich wie die Heilige Therese auf den Fotografien aber immer noch wirklich und so wurden die *Four Saints* geschrieben. All diese Dinge hätten eine Geschichte sein können aber als Landschaft waren sie nur da und ein Stück ist nur da. So empfinde ich es wenigstens.

Jedenfalls schrieb ich *Four Saints* eine Oper um gesungen zu werden und ich denke sie tat fast was ich wollte, sie machte eine Landschaft und die Bewegung in ihr war wie eine Bewegung innen und außen mit der jeder der zuschaut Schritt halten kann. Ich wollte auch daß in ihr die Bewegung von Nonnen sehr geschäftig und in ständiger Bewegung sei aber sanft wie eine Landschaft sein muß weil schließlich das Leben in einem Kloster das Leben einer Landschaft ist, es mag aufregend aussehen eine Landschaft sieht zuweilen aufregend aus aber ihre Eigenart ist daß eine Landschaft

wenn sie jemals weggehen würde für immer weggehen müßte.
Jedenfalls ist das Stück wie ich es sehe aufregend und es bewegt sich aber es bleibt auch da und das ist wie ich am Anfang sagte, könnte sein was ein Stück tun sollte.
Jedenfalls bin ich froh. Leute schreiben mir daß sie sich gut unterhalten während die Oper läuft etwas was ihnen im Theater nicht sehr oft passiert.
So sehen Sie was ich schließlich gemeint habe.
Und so ist das im Augenblick alles was ich über das Theater weiß.

PORTRÄTS UND WIEDERHOLUNG

In *Composition As Explanation* (Komposition als Erklärung) sagte ich nichts ändert sich von Generation zu Generation außer dem Gefüge in dem wir leben und das Gefüge in dem wir leben, macht die Kunst die wir sehen und hören. Ich sagte in *Lucy Church Amiably* daß Frauen und Kinder sich ändern, ich sagte wenn Männer sich nicht geändert haben Frauen und Kinder haben es. Aber es ist wirklich nicht wichtig selbst wenn das wahr ist. Das was wichtig ist, ist die Art in der Porträts von Männern und Frauen und Kindern geschrieben sind, mit schreiben meine ich gemacht. Und mit gemacht meine ich gefühlt. Porträts von Männern und Frauen und Kindern werden in jeder Generation verschieden gefühlt und unter einer Generation versteht man irgendeine Zeitspanne. Man versteht unter einer Generation irgendeine Zeitspanne. Eine Generation kann sowohl zwei Jahre dauern wie hundert Jahre. Hat nicht einmal einer gesagt das einzige was Gott nicht machen könne, sei einen zwei Jahre alten Esel in einer Minute zu machen. Aber die merkwürdige Sache beim innewerden des Seins ist daß man wie bei einem sich bewegenden Zug seiner Bewegung nicht inne wird wenn er sich nicht gegen etwas bewegt und das also ist es was eine Generation tut sie zeigt daß Bewegung existiert. So gibt es also Generationen und in einer Weise ist auch das nicht wichtig weil, und diese Sache ist eine Sache die man wissen muß, wenn und wir in Amerika haben versucht diese Sache zu einer wirklichen Sache zu machen, wenn die Bewegung, das heißt jede Bewegung, lebendig genug ist, es vielleicht möglich ist zu wissen daß es sich bewegt selbst wenn es sich nicht gegen etwas bewegt. Und so hat auf eine Art die amerikanische Art es nicht nötig gehabt daß Generationen existieren. Wenn das wirklich wahr wäre und vielleicht ist es wirklich wahr dann gibt es wirklich und wahrhaftig eine neue Art Porträts von Männern

und Frauen und Kindern zu machen. Und ich, ich habe auf meine Art versucht diese Sache zu machen.
Es ist wahr daß Generationen nicht aus Notwendigkeit existieren das heißt wenn die tatsächliche Bewegung in einer Sache lebendig genug ist. Ein Motor läuft in einem Automobil und der Wagen läuft. In Kürze hat diese Generation eine Intensität von Bewegung ersonnen so groß daß man sie nicht gegen etwas anderes sehen muß um sie zu erkennen, und daher hängt diese Generation nicht mit irgend etwas zusammen, das ist was diese Generation zu dem macht was sie ist und das ist warum es amerikanisch ist, und das ist sehr wichtig im Zusammenhang mit Porträts von irgend etwas. Ich sage Porträts und nicht Beschreibung und ich will allmählich erklären warum. Dann gibt es noch die wichtige Frage von Wiederholung und gibt es überhaupt so etwas. Gibt es Wiederholung oder gibt es Beharren. Ich bin geneigt zu glauben daß es nicht so etwas wie Wiederholung gibt. Und wirklich wie kann es das geben. Das ist etwas worüber Sie nachdenken sollten bevor ich fortfahre über Porträts von irgendetwas zu sprechen. Denken Sie an all die Kriminalromane die jeder liest. Die Art des Verbrechens ist die gleiche, und die Idee der Geschichte ist sehr oft die gleiche, nehmen Sie zum Beispiel einen Mann wie Wallace, er hat immer dasselbe Thema, nehmen Sie einen Mann wie Fletcher, er hat immer dasselbe Thema, nehmen Sie irgendeinen Amerikaner, auch er hat immer die Szene, dieselbe Szene, die Art von Erfindung die notwendig ist um ein allgemeines Schema aufzustellen, ist sehr begrenzt in jedermanns Erfahrung, jedes Mal bei den vielen hundert Malen da ein Zeitungsmensch sich über mein Schreiben und meine Wiederholungen lustig macht, hat er immer dasselbe Thema, immer dasselbe Thema habend, das ist wenn Sie wollen Wiederholung, das ist wenn Sie wollen das Wiederholen das dieselbe Sache ist, aber einmal angefangen diese Sache

auszudrücken, jede Sache auszudrücken, kann es keine Wiederholung geben weil das Wesentliche jenes Ausdrucks Beharren ist, und wenn man beharrt, muß man es jedesmal mit Emphase tun und wenn man Emphase benutzt, ist es nicht möglich so lange irgendeiner lebt daß man genau dieselbe Emphase benutzt. Und so wollen wir ernsthaft über den Unterschied zwischen Wiederholung und Beharren nachdenken.

Jedermann kann sich für die Geschichte eines Verbrechens interessieren weil ganz gleich wie oft die Zeugen dieselbe Geschichte erzählen die Betonung verschieden ist. Das ist was Leben macht daß die Betonung verschieden ist, ganz gleich wie oft man dieselbe Geschichte erzählt wenn im erzählen etwas lebendiges ist die Emphase ist verschieden. Es muß so sein, jeder kann das wissen.

Es ist dem springen eines Frosches sehr ähnlich er kann nicht immer gleichweit springen oder bei jedem Sprung auf die gleiche Weise springen. Das Singen eines Vogels kommt vielleicht Wiederholung am nächsten aber wenn man zuhört, ändern auch sie die Betonung. Das ist die menschliche Ausdrucksweise die gleiche Sache sagend und im betonen und wir alle betonen die Emphase verändernd. Ich erinnere mich sehr gut wie ich zum ersten Mal begann mir dieses Dinges bewußt zu werden. Ich wurde mir dieses Dinges bewußt, ich nehme an jedermann tut es wenn er zum ersten Mal wirklich weiß daß die Sterne Welten sind und daß alles sich bewegt, das ist das erste bewußte Fühlen von notwendiger Wiederholung, und es kommt zu einem und es ist sehr beunruhigend. Die zweite Sache ist dann wenn einem zum ersten Mal die Geschichte der verschiedenen Zivilisationen bewußt wird, die es auf dieser Erde gab, auch das läßt einem Wiederholung bewußt werden und zu gleicher Zeit die Verschiedenheit von Beharren. Jede Zivilisation beharrte auf ihre Weise bevor sie unterging. Ich erinnere mich daß ich mir das erste Mal dieser Sache auf diese Weise bewußt wurde beim lesen eines Buches das wir zu Hause hatten von den Ausgrabungen von Ninive, aber diese Emotionen obwohl sie einem so viel sagen und man sie wirklich nie vergißt, schließlich sind sie nicht Bestandteil unseres täglichen Lebens, sind wie die Bücher von Jules Verne schrecklich nah schrecklich nah aber noch nicht da. Als mir zuerst die unvermeidliche Wiederholung im menschlichen Ausdrucksvermögen wirklich klar wurde die nicht Wiederholung sondern Beharren war als ich zuerst begann mir dessen wirklich bewußt zu werden ich war ungefähr siebzehn Jahre alt, gab ich das mehr oder weniger nach innen gerichtete und einsame und konzentrierte Leben das ich in Kalifornien führte auf und kam nach Baltimore und lebte dort mit vielen meiner Verwandten und vor allem mit einem ganzen Clan sehr lebendiger kleiner Tanten die alles wissen mußten. Da sie alles wissen mußten und jeder will es mußten sie es natürlich oft sagen und hören, jeder will es, und da es zehn oder elf von ihnen gab, mußten sie es sagen und sagen hören was immer gesagt wurde und wenn irgendeiner nicht hörte was es war das gesagt wurde, mußte er hereinkommen um zu hören was gesagt worden war. Das machte es daß unvermeidlich alles oft gesagt wurde. Ich begann dann bewußt zuzuhören was jeder sagte und was sie sagten während sie sagten was sie sagten. Das war noch nicht der Beginn von schreiben aber es war der Beginn von wissen was es war daß es keine Wiederholung geben ließ. Ganz gleich wie oft was geschah, geschehen war irgendwann wenn irgendeiner irgendetwas erzählte, gab es keine Wiederholung. Das ist was William James *Will to Live* [Lebenswille] nennt. Wenn nicht würde niemand leben.

Und so begann ich dann durch zuhören den Unterschied herauszufinden zwischen Wiederholung und Beharren und es zu wissen, ist eine sehr wichtige Sache. Man hört zu während man weiß.

Dann gibt es noch eine andere Sache die auch etwas mit wiederholen zu tun hat.

Wenn all diese elf kleinen Tanten zuhörten während sie sprachen, hörten allmählich einige von ihnen nicht mehr länger zu. Wenn das geschah, mochte die Zeit gekommen sein daß jede oder eine von ihnen zu wiederholen begann, das heißt aufhörte zu beharren oder sonst mochte es vielleicht sein daß die Aufmerksamkeit von einer von einigen von ihnen erlahmt war durch das Hinzufügen von etwas. Was ist der Unterschied. Nichts macht irgendeinen Unterschied so lange jemand zuhört während man spricht.

Das ist was ich allmählich zu wissen begann.

Nichts macht irgendeinen Unterschied so lange jemand zuhört während man spricht. Wenn dieselbe Person spricht und zuhört warum ist es da so viel besser durch so viel größere Konzentration. Man kann wirklich in der Tat sagen daß dies das Wesen von Genie ist, von intensivstem lebendig sein, das heißt jemand sein der gleichzeitig spricht und zuhört. Es ist wirklich das was einen zum Genie macht. Und es ist notwendig wenn man wirklich und wahrhaftig lebendig sein will es ist notwendig gleichzeitig zu sprechen und zuzuhören, beide Dinge zu tun nicht als ob sie ein Ding wären, nicht als ob sie zwei Dinge wären, aber sie zu tun, gut wenn Sie wollen, wie der Motor der inwendig läuft und der Wagen sich bewegt, sie sind Teile derselben Sache.

Ich sagte als ich diese Sache zu sagen begann daß wenn es möglich wäre daß eine Bewegung lebendig genug sei sie so vollständig existieren müsse daß es nicht notwendig wäre sie sich gegen etwas bewegen zu sehen um zu wissen daß sie sich bewegt. Das ist was wir unter Leben verstehen und auf meine Art habe ich versucht von dieser Sache Porträts

zu machen, habe es immer versucht, mag es immer versuchen Porträts von dieser Sache zu machen.
Wenn dieses Existenz ist diese Sache tatsächlich existiert, kann es keine Wiederholung geben. Es gibt nur Wiederholung wenn Beschreibungen gegeben werden von diesen Dingen nicht wenn die Dinge selber tatsächlich existent sind und das ist es warum mein Porträt-Schreiben begann.
So haben wir jetzt eine Bewegung, lebendig genug um eine Sache zu sein die sich an sich bewegt, sie muß sich nicht gegen etwas bewegen um zu wissen daß sie sich bewegt, sie hat es nicht nötig daß Generationen existent sind.
Dann haben wir Beharren Beharren das in seiner Emphase niemals wiederholen sein kann, weil Beharren immer lebendig ist und wenn es lebendig ist, sagt es niemals etwas auf die gleiche Weise weil Emphase nie die gleiche sein kann nicht einmal wenn es weitgehend die gleiche ist das heißt wenn es gelehrt worden ist.
Wie mögen Sie das was Sie haben.
Das ist eine Frage die jeder jedem stellen kann. Stellen Sie sie.
Indem ich sie stellte, begann ich Porträts von jedem zu machen.
Wie mögen Sie das was Sie haben, ist eine Art jeden etwas wichtiges zu fragen.
Das ist im wesentlichen das Porträt von jedem, ein Porträt von jedem.
Ich begann über Porträts von allen nachzudenken.
Wenn sie innerlich sie selber sind was sind sie und was hat es zu tun mit dem was sie tun.
Und macht es irgendeinen Unterschied was sie tun oder wie sie es tun, macht es irgendeinen Unterschied was sie sagen oder wie sie es sagen. Müssen sie in Beziehung sein mit irgendeinem oder mit irgend etwas um einer zu sein von dem man ein Porträt machen kann. Ich begann sehr viel über all diese Dinge nachzudenken.

Jeder kann sich für das interessieren was jeder tut aber macht das irgendeinen Unterschied, ist das alles wichtig. Jeder kann sich für das interessieren was jeder sagt, aber macht das irgendeinen Unterschied, ist es überhaupt wichtig.
Ich begann mich all das zu fragen.
Ich begann mich zu fragen was es war das ich als Porträt haben wollte, was es ist das das Porträt sein sollte.
Ich frage mich das jetzt nicht mehr so viel. Ich frage mich das überhaupt nicht mehr. Jetzt frage ich mich andere Dinge, ich frage mich ob das was getan worden ist irgendeinen Unterschied macht.
Ich frage mich jetzt ob es notwendig ist stillzustehen um zu leben, ob es nicht notwendig ist stillzustehen um zu leben und wenn es es ist ob das nicht vielleicht ein neuer Weg ist um einen Roman zu schreiben. Ich frage mich ob Sie wissen was ich meine. Ich weiß nicht einmal ob ich selber es weiß. Ich werde es nicht wissen bis ich jenen Roman geschrieben habe.
Ich habe gerade versucht damit zu beginnen beim schreiben von *Four in America* weil ich sicher bin daß das was amerikanischen Erfolg macht amerikanisches Versagen ist.
Ich bin dessen sicher.
Einmal werde ich das ausführlich erklären aber jetzt möchte ich darüber sprechen wie ich Porträts schrieb. Ich schrieb Porträts wissend daß jeder einzelne innerlich er selber ist und daß etwas um sie vielleicht alles um sie irgendeinem alles über jene Sache sagen würde alles über das was sie selber in sich haben und ich hoffte dann hoffte es ganz und gar daß ich jene war diejenige die jene Sache erzählen würde. Vielleicht war ich diejenige.
Da gibt es eine andere Sache über die man nachdenken muß, das heißt über klar denken und über Verwirrung. Das ist etwas worüber ich fast ebenso viel zu sagen habe wie über alles andere.

Der Unterschied zwischen klar denken und Verwirrung ist der gleiche Unterschied wie der zwischen Wiederholung und Beharren. Sehr viele glauben daß sie Wiederholung kennen wenn sie sie sehen oder hören aber tun sie es. Sehr viele denken daß sie Verwirrung kennen wenn sie sie kennen oder sehen oder hören, aber tun sie es. Eine Sache die sehr klar scheint, scheint sehr klar aber ist sie es. Eine Sache die genau die gleiche Sache zu sein scheint, mag als eine Wiederholung erscheinen aber ist sie es. Aber all das kann sehr aufregend sein, und es hatte eine ganze Menge zu tun mit Porträts schreiben.

Wie ich sage, kann eine Sache die sehr klar ist leicht nicht sehr klar sein, eine Sache die verwirrt sein kann, kann sehr klar sein. Aber das weiß jeder. Ja jeder weiß das. Es ist wie die Notwendigkeit seinen Vater und seine Mutter zu kennen seine Großmütter und seine Großväter, aber ist es notwendig und wenn es es ist, kann es dennoch leicht vergessen werden.

Wie ich sage, ist die amerikanische Sache die Vitalität von Bewegung, so daß es nichts zu geben braucht gegen das sich die Bewegung als Bewegung zeigt. Und wenn diese Vitalität lebendig genug ist, gibt es in jener Klarheit irgendeine Verwirrung gibt es in jener Klarheit irgendeine Wiederholung. Ich selber glaube es nicht. Aber ich bin geneigt zu glauben daß es wirklich keinen Unterschied gibt zwischen Klarheit und Verwirrung, denken Sie nur an jedes Leben das lebendig ist, gibt es da wirklich irgendeinen Unterschied zwischen Klarheit und Verwirrung. Jetzt bin ich ganz sicher daß wenn ein Ding lebendig ist es wirklich keinen Unterschied gibt zwischen Klarheit und Verwirrung. Als ich zuerst Porträts von jedem zu schreiben begann, war ich nicht so sicher, nicht so gewiß dieser Sache daß es keinen Unterschied gibt zwischen Klarheit und Verwirrung. Ich war immerhin fast sicher dann als ich Porträts zu schreiben begann daß wenn irgend etwas lebendig ist es nicht so etwas wie Wiederholung gibt. Ich weiß nicht daß ich jemals meine Meinung darüber geändert hätte. Jedenfalls begann ich damals mit dem schreiben von Porträts und ich will Ihnen jetzt alles erzählen was es über all das zu erzählen gibt. Ich hatte natürlich über jede Art von Männern und Frauen in *The Making Of Americans* geschrieben aber beim schreiben von Porträts wollte ich nicht über alles was jeder tat oder gar sagte, schreiben, ich fand es schon schwierig genug damit zu beginnen.

Ich erinnere mich sehr gut an das was geschah. Wie ich sage, hatte ich die Gewohnheit mich selbst als vollständig sprechend und zuhörend aufzufassen, zuhören war sprechen und sprechen war zuhören und indem ich das tat, wurde mir klar was ich damals den Rhythmus von jedermanns Persönlichkeit nannte. Wenn zuhören sprechen war und sprechen zuhören dann und zur gleichen Zeit war jede kleine Bewegung jeder kleine Ausdruck eine Ähnlichkeit, und eine Ähnlichkeit war etwas das erinnern voraussetzte. Zuhören und sprechen setzten nicht Ähnlichkeit voraus und da sie nicht Ähnlichkeit voraussetzen, erfordern sie kein erinnern. Bereits dann gab es wie Sie sehen eine Schwierigkeit die mich in meiner Auffassung vom Rhythmus einer Persönlichkeit störte. Ich habe so viele Jahre versucht die Oberhand über diese Störung zu gewinnen. Die Störung war einfach da und man kann sagen es ist die Störung die immer eine Störung war für jeden für jeden dem irgend etwas klar wurde. Dillinger ist tot es war sogar für ihn eine Störung.

Wie ich sage da ich das Sein von jedem später fühlte wie ich das Sein von jedem oder etwas fühlte, war da noch das Zuhören und Sprechen das ich tat, was jeder tat und da waren die kleinen Dinge die aus jedem einen machten der einem ähnelte.

Jeder tut es natürlich in irgendeiner kleinen Sache auf irgendeine kleine Weise durch irgendeinen kleinen Ausdruck, jeder ähnelt natürlich irgend einem und jeder kann das bemerken, kann diese Ähnlichkeit bemerken und das tuend, muß man sich an jemanden erinnern und das ist eine ganz andere Sache als zuhören und sprechen. Mit anderen Worten das Machen eines Porträts von jemandem ist als lebe er und da er lebt, hat es nichts zu tun mit sich an irgend einen oder irgend etwas erinnern. Verstehen Sie meinen Standpunkt, aber natürlich ja Sie tun es. Sie sehen daß es da zwei Dinge gibt und nicht eines und wenn man ein Porträt von jemandem machen will und nicht zwei können Sie sehen daß man gestört empfindlich gestört werden kann durch diese Sache. Wie ich sage, ist das etwas das immer jeden gestört hat.

Merkwürdig genug das Kino hat eine Lösung dieser Frage gebracht. Bei einem sich unaufhörlich bewegenden Bild von irgendeinem gibt es keine Erinnerung an irgendeine andere Sache und da ist jene Sache seiend, es ist auf eine Weise wenn Sie wollen ein Porträt von irgend etwas nicht mehrere. Da sehen Sie wieder was ich meine.

Nun wollte ich auf meine Weise Porträts von jedem machen später in *Tender Buttons* wollte ich auch Porträts von allem machen als eine Sache als ein Porträt und obgleich und das war meine Schwierigkeit im Anfang ich die Sache diese Person als seiend fühlte und da alles in jener Person dazukam jene Person zu machen kleine Züge und Ausdrücke die Ähnlichkeit machen, war es notwendig für mich nichtsdestoweniger diese Dinge nicht als erinnern zu verwirklichen sondern das eine Ding zu verwirklichen als seiend und da waren sie und ich nahm sie wahr, gut Sie sehen daß es eine Sorge war und ich sorgte mich sorgte mich sehr um diese Sache.

Im Anfang und ich will Ihnen einige Porträts vorlesen um

Ihnen das zu zeigen, fuhr ich fort das zu tun was ich in *The Making of Americans* tat, ich tat was der Film tat, ich machte eine unaufhörliche Folge von der Darstellung dessen was jene Person war bis ich nicht viele Dinge hatte sondern ein Ding. Wenn ich Ihnen einige der Porträts jener Periode vorlese, werden Sie sehen was ich meine.

Ich dachte selbstverständlich nicht in Begriffen des Films daran, tatsächlich zweifle ich daran ob ich zu jener Zeit überhaupt schon einen Film gesehen hatte, und ich kann das nicht oft genug wiederholen jeder ist aus seiner Zeit und diese unsere Zeit war zweifellos die Zeit des Kinos und der Serienproduktion. Und jeder von uns ist auf seine Weise gezwungen das auszudrücken was die Welt in der er lebt, tut.

Sie sehen nun was ich tat als ich begann Porträts zu schreiben und Sie verstehen auch was ich meine wenn ich sage es gab da keine Wiederholung. Im Film sind nie zwei Bilder genau gleich jedes ist gerade um etwas verschieden vom vorhergehenden, und so gab es in jenen frühen Porträts wie Sie sicher begreifen werden wenn ich sie Ihnen vorlese ebenso wie in *The Making of Americans* keine Wiederholung. Jedes Mal da ich sagte derjenige dessen Porträt ich schreibe, war etwas das gerade um so viel verschieden war von dem was ich gerade gesagt hatte was irgendeiner war und nach und nach kam auf diese Weise ein vollständiges Porträt zustande, ein Porträt das nicht Beschreibung war und das zu jeder Zeit gemacht wurde, und ich tat es sehr oft, sagte, daß jemand irgend etwas war, jedes Mal gab es einen Unterschied gerade Unterschied genug daß es weitergehen und ein gegenwärtiges Etwas sein konnte. O ja Sie alle verstehen es. Sie verstehen das. Sie sehen daß es um das zu tun kein erinnern geben muß, erinnern ist Wiederholung, erinnern ist auch Verwirrung. Und auch darüber werden Sie gleich alles wissen.

Erinnern ist Wiederholung jeder kann das wissen. Wenn man ein Porträt von irgendeinem macht, besteht die Wiederholung dieses Wissens darin daß derjenige eine Art irgendeines ist, daß die Dinge die er tut, getan worden sind von anderen gleich ihm daß die Dinge die er sagt, gesagt worden sind von anderen gleich ihm, aber, und das ist die wichtige Sache, es gibt keine Wiederholung beim hören und sagen der Dinge die er hört und sagt wenn er sie hört und sagt. Und so im machen eines Porträts von ihm wenn es möglich wäre jenes Porträt zu einem Porträt von ihm zu machen, sagend und hörend was er sagt und hört während er es sagt und hört, gibt es dann während man es tut weder Erinnerung noch Wiederholung ganz gleich wie oft das was er sagt und hört, gehört und gesagt wird. Das war die Entdeckung die ich machte als ich mehr und mehr sprach und zuhörte und das ist was ich tat als ich Porträts von jedem den ich kannte, machte. Ich sagte was ich wußte wie sie sagten und hörten was sie hörten und sagten bis ich mich vollständig befreit hatte von allem was sie waren das heißt alles was sie waren jemand seiend der hörte und sagte was sie hörten und sagten in jeder Weise wie sie alles hörten und sagten.

Und dies ist der Grund warum das was ich schrieb, aufregend war obwohl jene die nicht wirklich sahen was es war, dachten es sei Wiederholung. Wenn es Wiederholung gewesen wäre, wäre es nicht aufregend gewesen aber es war aufregend und es war nicht Wiederholung. Es ist es nie. Ich wiederhole nie das heißt während ich schreibe.

Wie ich sage, ist was man wiederholt der Schauplatz auf dem man handelt, die Tage in denen man lebt, das Kommen und Gehen das man tut, alles an das man sich erinnert, ist eine Wiederholung, aber seiend als ein Mensch, das heißt zuhörend und hörend seiend, ist niemals Wiederholung. Es ist nicht Wiederholung wenn es das ist was man tatsächlich tut weil natürlich jedes Mal die Emphase verschieden ist genau wie der Film jedes Mal eine geringfügige Veränderung aufweist um alles bewegt zu machen. Und jeder von uns hat das zu tun, sonst gibt es kein sein. Wie Galilei bemerkte, sie bewegt sich.

So sehen Sie was ich mit jenen frühen Porträts und mit dem mittleren Teil von *The Making of Americans* meine. Ich baute sie nach und nach auf, jedes Mal wenn ich es sagte, änderte es sich nur ein wenig und dann wenn ich ganz und gar leer war vom wissen daß derjenige existierte von dem ich ein Porträt machte, hatte ich ein Porträt von jenem gemacht.

Um auf etwas zurückzukommen was ich sagte daß erinnern die einzige Wiederholung sei, auch daß erinnern die einzige Verwirrung sei. Und ich denke Sie fangen an zu sehen was ich damit meine.

Ganz gleich wie kompliziert alles ist, wenn es nicht mit erinnern vermischt ist, ist keine Veränderung da, aber und das ist die Schwierigkeit mit vielen sogenannt intelligenten Menschen sie vermischen erinnern mit sprechen und zuhören, und als Resultat haben sie Theorien über alles aber da erinnern Wiederholung und Verwirrung ist, und existierend seiend das heißt zuhören und sprechen Handlung ist und nicht Wiederholung sind intelligente Leute obwohl sie sprechen als wüßten sie etwas wirklich verwirrend, weil sie sozusagen zwei Zeiten auf einmal einhalten, die Wiederholungszeit von erinnern und die tatsächliche Zeit von sprechen aber, und da sie selten sprechen und zuhören, das heißt daß das Sprechen zuhören ist und das Zuhören sprechen, obwohl sie deutlich etwas sagen, erschaffen sie nicht deutlich etwas, weil weil sie sich immer an etwas erinnern, sie nicht gleichzeitig sprechen und zuhören. Verstehen Sie. Verstehen Sie verstehen einige oder verstehen Sie alle es. Auf jeden Fall ist es so. Und sie hören es selbst wenn Sie es nicht in der Art sagen in der ich es sage wie ich es höre und sage.

Ich sage ich wiederhole niemals während ich schreibe weil während ich schreibe ich ganz und gar bin, und das heißt wenn Sie so wollen ein Genie sein, ich bin ganz und gar und vollständig zuhörend und sprechend, die beiden in einem und das eine in beiden und das heißt vollständig seine eigene Zeit haben und es hat in sich kein Element von erinnern. Daher ist darin kein Element von Verwirrung, daher ist darin kein Element von Wiederholung. Verstehen verstehen verstehen Sie wirklich.

Und macht es irgendeinen Unterschied für Sie wenn Sie verstehen. Für mich macht es einen ungeheuer großen Unterschied. Es ist sehr aufregend das alles seiend zu haben.

Allmählich begann ich dann Porträts zu machen. Und wie begann es.

Als ich zuerst zu schreiben begann obwohl ich sehr stark fühlte daß etwas das machte daß einer einer war etwas war das ich benutzen muß wie er ist, begann ich sie natürlich zu beschreiben wie sie etwas taten. Kurzum ich schrieb eine Geschichte als eine Geschichte, das ist die Art wie ich begann, und langsam wurde mir diese Verwirrung klar, eine wirkliche Verwirrung, daß man sich beim schreiben einer Geschichte erinnern mußte, und daß Romane beruhigend sind weil so viele Leute, man kann sagen jeder, sich an fast alles erinnern können. Es ist dieses Element von erinnern das Romane so beruhigend macht. Aber und das war die Sache die ich allmählich herausfand, zuhören und sprechen zu gleicher Zeit das heißt einsehen daß das Dasein des Lebens tatsächlich seiend ist, hatte in sich kein Element von erinnern und so war die Zeit des Seins nicht dieselbe wie in den Romanen die beruhigend sind. Wie ich sage, sind alle Romane beruhigend weil sie alles sich ereignen lassen wie es sich ereignen kann das heißt sich an alles erinnernd. Aber und ich fuhr fort mich zu fragen beim sprechen und zuhören zugleich, ich fragte mich gibt es einen Weg das was ich weiß so herauskommen zu lassen wie ich es weiß, nicht als erinnern herauskommen zu lassen. Ich fand das sehr aufregend. Und ich begann Porträts zu machen.

Ich fuhr fort Menschen durch Ähnlichkeit zu kennen, das war zum Teil Gedächtnis und es störte mich aber ich wußte ich mußte alles tun und ich versuchte das so vollständig zu tun daß ich es verlieren würde. Ich machte Tabellen und Tabellen von jedem der wie irgendeiner aussah bis ich so wurde daß ich kaum wußte welchen ich kannte auf der Straße und welcher ihm ähnlich sah. Ich tat das bis es zuletzt keine Wichtigkeit mehr hatte daß irgendeiner einem andern ähnlich sah. Es war keine Sache mehr die noch länger eine wichtige Sache war, ich wußte ganz genau wie irgendeiner aussah wie irgendein anderer und das wurde dann nur zu einer praktischen Sache, etwas das man wissen mochte wozu irgendeiner fähig wäre, aber das war für mich dann auch nicht länger interessant. Und so fuhr ich fort Porträts zu schreiben.

Ich kann Ihnen gar nicht sagen obwohl ich denke ich kann es, daß, da ich jede Anzahl beruhigende Romane lesen kann tatsächlich beruhigt mich nichts anderes ich es nicht für eine Sache hielt die zu tun interessant ist. Und ich denke Sie wissen jetzt warum es nicht eine Sache ist die zu tun interessant ist. Wir in dieser Epoche haben nicht erinnernd gelebt, wir haben Leben in dem Bewegung notwendigerweise so intensiv ist daß sein in der Tat etwas ist, in der Tat jene Sache ist die wir tun. Und so was macht es wirklich aus was irgendeiner tut. Die Zeitungen sind voll von dem was jeder tut und jeder weiß was jeder tut aber die Sache die wichtig ist, ist die Intensität von jedermanns Sein. Einmal mehr erinnere ich Sie an Dillinger. Nicht was er tat, war aufregend sondern die Aufregung von dem was er war, aufregend seiend, war aufregend. Das ist eine Welt von Unterschieden und in ihr gibt es grundlegend kein erinnern.

Und so versuche ich Ihnen zu erzählen was Porträts machen für mich bedeutete, ich mußte herausfinden was es war innen in irgendeinem und mit irgendeinem meine ich jeden, ich mußte in jedem herausfinden was innen in ihm war was wahrhaft aufregend war und ich hatte es herauszufinden nicht durch das was sie sagten nicht durch das was sie taten nicht durch das wie sehr oder wie wenig sie einander ähnelten sondern ich mußte es herausfinden durch die Intensität der Bewegung die innen in jedem von ihnen war. Und natürlich vergessen Sie das nicht, natürlich war ich an jedem interessiert. Ich bin es. Natürlich bin ich an jedem interessiert. Und an jedem bin ich es oder sonst muß ich mich einer völlig anderen Beschäftigung zuwenden und ich glaube nicht daß ich es will, ich muß herausfinden was sich innen in ihnen bewegt das sie zu sich selber macht, und ich muß herausfinden wie ich durch das sich in mir aufgeregt bewegende Ding ein Porträt von ihnen machen kann.

Sie können verstehen warum ich es so oft tat, warum ich es auf so verschiedene Weise tat warum ich sage daß keine Wiederholung da ist, weil und das ist absolut wahr, daß das aufregende Ding innen in jedem wenn es wirklich innen in ihm ist nicht eine erinnerte Sache ist, wenn es wirklich innen in jedem ist, es nicht eine verwirrte Sache ist, es nicht eine wiederholte Sache ist. Und wenn ich auf irgendeine Weise und ich habe es in jeder Weise getan wenn ich ein Porträt von dem in ihnen machen könnte ohne irgendeine Beschreibung von dem was sie tun und von dem was sie sagen dann war auch ich weder wiederholend noch erinnernd noch in einer Verwirrung.

Sie sehen was ich meine mit dem was ich sage. Aber ich weiß Sie sehen es.

Werden Sie es ebenso klar sehen wenn ich Ihnen einige der Porträts die ich geschrieben habe, vorlese. Vielleicht werden Sie es aber ich bezweifle es. Aber wenn Sie es tun gut dann wenn Sie es tun, werden Sie sehen was ich getan habe und tue tue.

Etwas das Sie alle wissen, ist daß in den drei Romanen die in dieser Generation geschrieben worden sind die die wichtigen Dinge sind die in dieser Generation geschrieben worden sind, daß in keinem von ihnen eine Geschichte ist. Es ist weder eine in Proust noch in *The Making of Americans* noch in *Ulysses*. Und das ist es worüber Sie jetzt anfangen sollten sich klar zu werden in dieser Beschreibung die ich Ihnen vom machen von Porträts gebe.

Es ist selbstverständlich vollkommen natürlich daß Autobiographien gut geschrieben und gut gelesen werden. Sie sehen jeder kann sehen daß täglich so viel geschieht und daß jeder wörtlich jeder davon lesen oder hören kann, erzählt am Tage an dem es geschieht. Sehr viel ereignet sich jeden Tag und an irgendeinem Tag und wie ich sage irgendeiner wörtlich irgendeiner kann alles oder jedes hören oder lesen über jedes oder alles das jeden Tag geschieht gerade wie es sich ereignet hat oder sich an diesem Tag ereignet. Sie sehen was das bedeutet. Romane also die eine Geschichte erzählen, handeln dann wirklich mehr von demselben vielmehr von demselben und natürlich hat jeder gerne mehr von demselben und so werden eine große Anzahl Romane geschrieben und eine große Anzahl Romane werden gelesen die mehr von diesen Geschichten erzählen aber Sie können sehen Sie sehen daß die wichtigen Dinge die in dieser Generation geschrieben wurden keine Geschichte erzählen. Sie können sehen daß das natürlich genug ist.

Sie beginnen endgültig zu fühlen daß es sein mußte daß ich Porträts schreiben sollte wie ich sie schrieb. Ich begann sie zu schreiben als ich ungefähr in der Mitte von *The Making of Americans* war, und wenn Sie *The Making of Americans* lesen, wird Ihnen klar werden warum das unvermeidlich war.

Ich begann die Porträts von irgendeinem zu schreiben, sagend was ich wußte von jenem während ich mit jenem sprach und ihm zuhörte, und jedes Mal wenn ich mit jenem sprach und ihm zuhörte, sagte ich was ich wußte was er dann war. Dies machte meine frühen Porträts und einige die ich schließlich machte solche wie *Four Dishonest Ones Told by a Description of What they Do* (Vier Unehrliche erzählt durch eine Beschreibung von dem was sie tun), *Matisse* und *Picasso* und eine Menge andere, tat so vollständig wie ich es dann konnte, tat strikt diese Sache. Jedes Mal wenn ich sagte was sie waren, sagte ich es so daß sie diese Sache waren, und jedes Mal wenn ich sagte was sie waren wie sie waren, wie ich war, natürlich mehr oder weniger aber niemals dasselbe jedes Mal wenn ich sagte was sie waren, sagte ich was sie waren, nicht daß sie verschieden waren nicht daß ich verschieden war aber da es nicht derselbe Augenblick war in dem ich es sagte, sagte ich es mit einem Unterschied. So war ich schließlich leer vom sagen dieser Sache und sagte so nicht länger was sie waren.

VIER UNEHRLICHE

Erzählt durch eine Beschreibung von dem was sie tun

Sie sind was sie sind. Sie haben sich nicht geändert. Sie sind was sie sind.

Jeder einzelne ist was jener einzelne ist. Jeder ist was jeder ist. Sie haben es nicht nötig sich zu ändern.

Eine ist was sie ist. Sie hat es nicht nötig sich zu ändern. Sie ist was sie ist. Sie ändert sich nicht. Sie ist was sie ist.

Sie ändert sich nicht. Sie weiß nichts vom sich nicht ändern. Sie hat es nicht nötig sich zu ändern.

Was tut sie. Sie arbeitet. Sie hat es nicht nötig sich zu ändern.

Sie arbeitet sehr gut, sie hat es nicht nötig sich zu ändern.

Sie hat sehr schwer gearbeitet. Sie hat gelitten. Sie hat es nicht nötig sich zu ändern.
Sie hat gelebt und gearbeitet, sie war ruhig und hat gearbeitet, sie hat gelitten und gearbeitet, sie hat beobachtet und gearbeitet, sie hat gewartet, sie hat gearbeitet, sie hat gewartet und gearbeitet, sie hat es nicht nötig sich zu ändern.
Portraits And Prayers. Seite 57.

Damals wollte ich auch Porträts von Orten machen, ich tat es. Ich machte sie von *Bon-Marché*, von *Galeries Lafayette*, von einer Menschenmenge zu *Mi-Carême*, ich habe immer gerne gehabt was ich mit jenem tat. Es war ganz und gar etwas. Und da wieder beim machen der Porträts von diesen Plätzen und diesen Menschenmengen, ich machte Italiener und ebenso Amerikaner auf diese Art, fuhr ich fort es zu tun wie ich es in *The Making of Americans* getan habe. Ich erzählte genau und vollständig jedes Mal beim erzählen was jenes innen in ihnen ist. Wie ich Ihnen sagte im Vergleich mit einem Kinobild war eine Sekunde nie die gleiche wie die vorhergehende oder die nachfolgende.

MI-CAREME

Es gab einen Mann der sagte man würde ihn erkennen wenn man ihn wiedersah durch die Narben an der Spitze seiner Nase und unter seinem Auge aber diese Narben waren sehr klein fast gar nichts und man würde sich an ihn erinnern weil er jemand war der gesagt hatte daß er ein Mann war müde des arbeitens, müde einer zu sein der arbeitet und daß er sehr amüsant sein würde, er konnte amüsant sein indem er etwas sagte das jeden Zuhörenden erröten ließ aber, sagte er, er würde so etwas nicht tun er würde höflich amüsant sein und er war amüsant und einige die er amüsierte, fürchteten sich nicht vor ihm. Er hätte amüsant sein können für einige die gleichzeitig solche waren die sich vor ihm fürchteten. Er könnte sehr amüsant sein für einige die niemals in irgendeiner Weise denken daß er irgend jemanden ängstigen könnte.

Portraits And Prayers. Seite 173.

Auf jeden Fall machte ich diese Porträts und sie waren sehr aufregend, sie waren aufregend für mich und sie waren aufregend für andere die sie lasen.

Dann langsam einmal mehr störte mich etwas, schließlich hörte ich zu und sprach aber das war nicht alles was ich tat, wissend zu irgendeiner gegebenen Zeit wenn ich irgend etwas feststellte was irgend etwas war. Ich sah auch, und das konnte nicht ganz ausgelassen werden.

Das Schwierige, sehen mit einbezogen, war wie ich Ihnen schon gesagt habe, daß in bezug auf Menschen sehen unvermeidlich mit sich brachte sich Bewegungen und Ausdruck zu vergegenwärtigen und mich als solche zwangen Ähnlichkeiten zu erkennen, und so erinnern erzwangen und im erzwingen von erinnern verursachten sie Verwirrung von Gegenwart mit Vergangenheit und Zukunft.

Sehen Sie was ich meine. Aber sicher sicher sehen Sie es.

Und so begann ich wieder Porträts zu machen aber diesmal waren es nicht Porträts von Männern und Frauen und Kindern, es waren Porträts von allem und so machte ich Porträts von Räumen und Nahrung und jedem weil ich da diese Schwierigkeit erinnern hervorzurufen leichter vermeiden konnte beim einschließen von sehen mit zuhören und sprechen als wenn ich Menschen beschreiben sollte.

Ich will mich noch ein bisschen mehr damit befassen.

Das ist die große Schwierigkeit die jeden störte der in dieser Generation schöpferisch tätig war. Die Maler sahen natürlich, das war ihre Beschäftigung und sie mußten auch sicher sein daß sehen sich nicht mit erinnern vermischt. Bei ihnen nimmt erinnern die Form von andeuten in der Malerei ein anstelle vom tatsächlichen erschaffen der Sache an sich die sie malen.

Beim schreiben ist die Sache die schwierig ist, die Frage vom verwirren der Zeit und das ist die Sache die einen stört und immer noch jeden in dieser Generation stört. Später in einer anderen Arbeit will ich Ihnen erzählen was diese Sache das heißt Zeit zu tun hat mit Grammatik Wortschatz und Zeiten. Aber jetzt will ich mich strikt an die Frage von Porträts und Wiederholung halten.

Ich begann Porträts von Dingen und dem was einen umgibt zu machen das heißt Räume und Plätze weil ich es nötig hatte der Schwierigkeit ganz ins Gesicht zu sehen wie man das was gesehen wird mit hören und zuhören einschließt, und überhaupt wenn ich ein kompliziertes zuhören und sprechen einschließen würde, wäre es zu schwierig es zu tun. Darum malen Maler Stilleben. Sie sehen doch warum sie es tun.

So begann ich diese Sache zu tun, ich versuchte Farbe und Bewegung miteinzuschließen und was ich tat, ist was Sie alle entweder gelesen oder wovon Sie gehört haben, ein Buch genannt *Tender Buttons*.

Eine Zeitlang machte ich keine Porträts weil, da ich versuchte zu leben im sehen und sehen sich nicht vermischen sollte mit erinnern, ich zuhören und sprechen auf ihr Minimum zu beschränken wünschte. In *Tender Buttons* beschrieb ich jedes, und ich will Ihnen einiges vorlesen um Ihnen zu zeigen was ich da tat.

Ein kleiner Affe geht wie ein Esel das heißt das heißt was mehr seufzt, geht schließlich.
Laß es dabei. Ein kleiner Affe geht wie ein Esel.
Tender Buttons. Seite 26.

Umwölkung was ist Umwölkung, ist es ein Silberstreif, ist es ein Rollen, ist es ein Schmelzen.
Tender Buttons. Seite 38.

Ein angeschlagener geflickter Stock, eine angeschlagene geflickte Tasse, ein angeschlagener geflickter Gegenstand von außergewöhnlicher Lockerheit und Störung, ein angeschlagener geflickter, angeschlagen und geflickt ist so nötig daß kein Fehler ist erbötig.
Tender Buttons. Seite 43.

Gib einen Garten auf und das Haus ist größer. Das ist nicht freundlich. Das ist angenehm. Da gibt es das Angenehme der Vorliebe. Ein leerer Platz stellt den Verlust dar der da war als die Vase nicht am Ort war. Sie wanderte nicht.
Portraits And Prayers. Seite 101.

Sie sehen was ich meine, ich drückte aus was etwas war, ein wenig indem ich sprach und jener Sache zuhörte, aber zum großen Teil indem ich jene Sache anschaute.
Das ist wie ich sage das große Problem unserer Generation gewesen, soviel geschieht und jeder weiß in jedem Augenblick alles was geschieht daß Dinge die geschehen obwohl interessant nicht wirklich aufregend sind. Und ein Künstler ein Künstler hat unvermeidlich mit dem zu tun was wirk-

lich aufregend ist. Das ist was er innerlich ist, das ist was ein Künstler wirklich innerlich ist, er ist aufregend, und wenn er es nicht ist, ist nichts damit los.
Und so war dann das Aufregende in mir daß ich mehr und mehr sehen miteinschließen mußte um es zu einem Teil von zuhören und sprechen zu machen und ich machte das Porträt von Mabel Dodge und Susie Assado und Preciocilla und einigen anderen. Aber das alles war nachdem ich *Tender Buttons* gemacht hatte.
Ungefähr um diese Zeit begann ich mich zu fragen was man gerade sah wenn man sich etwas anschaute sich wirklich etwas anschaute. Sah man Klang, und was war die Beziehung zwischen Farbe und Klang, machte es sich selbst durch Beschreibung durch ein Wort das es bedeutete oder machte es sich selbst durch ein Wort an sich. Damals war ich natürlich nicht an Emotion interessiert oder daß sich etwas ereignete. Ich war damals an diesen Dingen weniger interessiert als ich es je gewesen war. Ich lebte mein Leben mit Emotion und mit Dingen die sich ereigneten aber ich war schöpferisch in meinem Schreiben einfach durch anschauen. Zu jener Zeit wie ich sage, schränkte ich so weit einschränken für mich möglich war, sprechen und zuhören ein.
Ich regte mich mehr und mehr darüber auf wie Wörter die die Wörter waren die machten daß das was ich ansah, aussah wie es selber nicht die Wörter waren die in sich irgendeine Eigenschaft von Beschreibung besaßen. Das regte mich zu jener Zeit sehr auf.
Und die Sache die mich zu jener Zeit so sehr aufregte und es noch tut, ist daß die Wörter oder Wörter die das was ich ansah dazu machen es selber zu sein immer Wörter waren die sich für mich ganz genau auf jene Sache bezogen die Sache die ich ansah, aber ebenso oft wie nicht wie ich sage überhaupt nichts zu tun hatten mit dem was irgendwelche Wörter tun würden die jene Sache beschrieben.

Jene von Ihnen die *Four Saints in Three Acts* (Vier Heilige in Drei Akten) gesehen haben, müssen wissen wissen etwas von dem was ich meine.
Natürlich zu der Zeit als *Four Saints* geschrieben wurde, beherrschte ich sehr gut das was ich damals tat als ich *Tender Buttons* schrieb. Als ich *Four Saints* schrieb, hatte ich eine große eine große Anzahl Porträts geschrieben und ich hatte auf hundert Arten Wörter, dann Sätze dann Absätze bezogen auf die Sache die ich anschaute und ich war auch dazu gekommen daß gleichzeitig anschauen und zuhören und sprechen, geschehen konnten ohne irgendeine Störung durch Ähnlichkeiten und erinnern.
Eines der Dinge das mich wie ich sagte einmal am meisten beschäftigte, war die Beziehung von Farbe zu den Wörtern die genau das bedeuteten aber kein Element von Beschreibung in sich hatten. Ein Porträt das ich machte ich will es Ihnen vorlesen das von Lipschitz brachte dieses Farb-Ding so gut zum Ausdruck wie es mir nie zuvor gelungen war.

LIPSCHITZ

Wie und wie vielleicht und vielleicht vielleicht und vielleicht wie und wie.
Er hatte einen Traum. Er träumte er höre einen Fasan kreischen und vielleicht vielleicht kreischte ein Fasan.
Ging zu ihm.
Er hatte einen Traum er träumte er höre einen Fasan kreischen und vielleicht vielleicht kreischte ein Fasan.
Zur Zeit.
Portraits And Prayers. Seite 63.

Also während einer sehr beträchtlichen Zeitspanne manchmal sehr viele und manchmal eins auf einmal und manchmal einige auf einmal fuhr ich fort Porträts zu machen. Ungefähr um diese Zeit machte ich ein zweites von Carl Van Vechten, eins von Sherwood Anderson, eins von Cocteau und ein zweites von Picasso. Sie waren anders als jene die ich im Anfang gemacht hatte und sehr anders als jene die ich machte gleich nachdem ich *Tender Buttons* gemacht hatte. Sie waren weniger konzentriert, sie bewegten sich mehr obwohl die Bewegung endgültig mit Farbe verbunden war und nicht so eng verbunden mit sprechen und zuhören.

VAN ODER ZWANZIG JAHRE SPAETER

Ein zweites Porträt von Carl van Vechten

Zwanzig Jahre später, soviel wie zwanzig Jahre später etwa soviel wie zwanzig Jahre später, zwanzig Jahre später und so weiter. Es ist es ist es ist es ist.
Behalt es im Auge glaube.
Nicht für die Zukunft sondern für die Fuchsie. Gebunden und ungebunden und das ist alles was daran ist. Und so gebunden und so unumwunden, und so unumwunden und gebunden. Gebunden und ungebunden und unumwunden und so unumwunden und so ungebunden und so gebunden und so ungebunden und so unumwunden.
Portraits And Prayers. Seite 157.

Und dann langsam änderte es sich wieder, sprechen und zuhören kamen langsam wieder dazu wichtiger zu sein als das was ich anschaute. Sprechen und zuhören wurden wieder wichtiger aber zur gleichen Zeit da es sprechen und zuhören war, hatte es in sich eine vollkommen andere Emotion von Bewegung.
Lassen Sie mich Ihnen erzählen was ich gerade tat als ich diese Sache tat.

Wie es immer geschieht man beginnt wieder. Wie oft es auch geschieht man beginnt wieder und jetzt auf meine Art begann ich wieder.
Wieder störte mich etwas und es hatte wie meine Störung es immer gehabt hatte mit einer Sache zu tun die in sich selbst enthalten war.
Mir wurde klar daß angenommen anschauen und zuhören und sprechen geschähen alle gleichzeitig und daß ich die Wörter gefunden hätte die jene Sache erschufen das Porträt erschufen das der Gegenstand des anschauens zuhörens und sprechens war was ich getan hatte ich dennoch etwas verloren hatte, etwas das ich gehabt hatte, in *The Making of Americans* und in *Tender Buttons*, das heißt eine Sache die in sich selbst enthalten ist.
Wie ich sage ein Motor geht innen und der Wagen geht weiter, aber mein Anliegen mein Hauptanliegen als Künstler war nicht wohin der Wagen geht wenn er geht sondern die Bewegung innen das heißt das Wesentliche seines gehens. Und hatte ich in diesen recht schönen Porträts die ich geschrieben hatte, hatte ich diese Sache ein klein wenig verloren. Ob ich es hatte oder ob ich es nicht hatte, begann mich ein wenig zu stören nicht wirklich zu stören aber in mir da zu sein, hatte ich ein wenig die Aufregung verloren dieses in mir zu haben. Hatte ich. Ich glaubte nicht daß ich es wirklich hatte aber hatte ich.
Das bringt mich einmal mehr auf das Thema von Wiederholung zurück.
Das Gefüge in dem wir leben, ändert sich aber im wesentlichen ändert sich das was sich ereignet nicht. Innerlich ändern wir uns nicht aber unsere Emphase und der Augenblick in dem wir leben, ändern sich. Das heißt es ist niemals derselbe Augenblick es ist niemals dieselbe Emphase in irgendeinem sich folgenden Augenblick des Seins. Dann wirklich was ist Wiederholung. Es ist sehr interessant zu

fragen und es ist eine sehr interessante Sache zu wissen. Wenn man über etwas noch und noch nachdenkt und schließlich im Zusammenhang damit Erfolg hat oder Mißerfolg, ist Erfolg und Mißerfolg haben Wiederholung weil man immer entweder Erfolg oder Mißerfolg hat aber irgendwelche zwei Augenblicke des darüber nachdenkens sind nicht Wiederholung. Jetzt sehen Sie worin ich von sehr vielen Leuten abweiche die sagen ich wiederhole und sie tun es nicht. Sie denken nicht ihr Erfolg oder Mißerfolg haben, ist was Wiederholung macht, mit anderen Worten sie denken nicht daß das was geschieht Wiederholung macht sondern daß es das von Augenblick zu Augenblick Betonen ist was Wiederholung macht. Nun ich glaube das Erfolg und Mißerfolg haben, ist was die Wiederholung macht nicht das von Augenblick zu Augenblick betonen was Wiederholung macht.

Gefühlsmäßig wie ich sage, stimmen Sie alle mit mir überein weil Sie im Grunde heutzutage alle Kriminalromane gern haben oder Kriminalromane gern gehabt haben oder wenn nicht gehabt haben sollten und auf jeden Fall haben Sie Zeitungen gern oder Radio oder Witzblätter, und in all diesen ist es das von Augenblick zu Augenblick Betonen bei dem was sich ereignet was interessant ist, das Erfolg und Mißerfolg haben ist wirklich nicht die Sache die interessant ist.

In den Porträts die ich in jener Periode machte von der ich gerade gesprochen habe der späteren Periode beträchtlich nach dem Krieg die Strenge des sich nicht mischen lassens von erinnern mit anschauen und zuhören und sprechen die mit *The Making of Americans* begann und in *Tender Buttons* und was direkt danach kam, weiterging, der ganzen Periode von *Geography and Plays*, diese Strenge schwächte sich vielleicht ein wenig ab schwächte sich ein wenig ab und das war auf eine Art erstaunlich für mich, weil ich fand

daß ich für eine kurze Zeit sehr beschäftigt war mit der Schönheit der Klänge wie sie aus mir kamen wie ich sie machte.
Das ist eine Sache die zu jeder Zeit eine Versuchung sein kann. Diese Versuchung trat an mich heran kurz nach der Saint-Rémy-Periode als ich *Saints in Seven*, *Four Religions*, *Capital Capitals* schrieb. Die strenge Disziplin die ich mir selbst auferlegt hatte, die absolute Weigerung je ein Wort zu gebrauchen das nicht ein exaktes Wort war in den ganzen *Tender Buttons* und was ich die frühe spanische und *Geography and Play* Periode nennen kann, führte schließlich in Dingen wie *Susie Assado* und *Preciocilla* etc. zu einer außergewöhnlichen Wortmelodie und einer Melodie von Erregung wissend daß ich diese Sache getan hatte.
Diese Melodie dann zusammenfassend, schrieb ich in Saint-Rémy diese Dinge die ich gerade erwähnt habe *Four Religions*, *Capital Capitals*, *Saints in Seven* und eine große Anzahl anderer Dinge. Das tuend, faßte ich die innere Melodie des Seins die ich gelernt hatte in Beziehung zu gesehenen Dingen in das Gefühl zusammen das ich dann dort in Saint-Rémy von Licht und Luft und sich bewegender und stillstehender Luft hatte. Ich arbeitete an diesen Dingen dann mit einem großen Maß von Konzentration und da das für mich eine gänzlich neue Art war es zu tun, war das Resultat eine überaus verstärkte Melodie. Diese Melodie gewann für eine kurze Zeit danach ziemlich die Oberhand über mich und es war zu jener Zeit da ich diese Porträts schrieb von denen ich gerade gesprochen habe, dem zweiten Picasso, dem zweiten Carl Van Vechten, dem Jean Cocteau, Lipschitz, den Sitwells, Edith Sitwell, Joe Davidson, Unmengen von Porträts. Porträts, nach meiner angestrengten Konzentration in Saint-Rémy wirklich vollständig und genau das Wort zu finden für Luft und Himmel und Licht und Sein, waren dort unten eine verhältnismäßig einfache Sache und ich wie Sie sagen mögen, hielt diese Porträts in meiner Hand und

sie wurden leicht und schön und wahr. Aber wie ich sage, begann ich zu denken daß ich fast betrunken war von dem was ich getan hatte. Und ich bin immer eine die vorzieht nüchtern zu sein. Ich muß nüchtern sein. Es ist so viel aufregender nüchtern zu sein, genau und konzentriert und nüchtern zu sein. Dann also wie ich sage, begann ich wieder. So haben wir es nun. Da war die Porträtmalerei-Periode von *The Making of Americans*, als ich mir beim zuhören und sprechen in jedem Augenblick das Sein von irgendeinem vorstellte, und ich hielt jeden Augenblick fest an dem ich das Sein von jenem in mir hatte bis ich vollständig leer war von dem was ich als ein Porträt von jenem gehabt hatte. Dieses wie ich sage, machte was Wiederholung genannt worden ist aber, und Sie werden es sehen, jeder Satz ist gerade die Verschiedenheit von Emphase die unvermeidlich vorhanden ist in dem sich folgenden Augenblick des in mir enthaltenen Seins jenes anderen errungen durch sprechen und zuhören innen in mir und innen in jenem anderen. Das waren die früheren Porträts die ich machte. Dann änderte sich dies langsam zu Porträts von Räumen in die jemand eingeschlossen war oder nicht aber geschrieben auf dieselbe Weise in den sich folgenden Augenblicken meines sie verwirklichens. Wie ich sagte es war wenn Sie wollen, es war wie ein Kinobild gemacht aus Folge und jeden Augenblick seine eigene Emphase habend das heißt seine eigene Veränderung und so war da die Bewegung und das Sein von jedem Augenblick wie es in mir war.

Dann hatte ich wie ich sagte das Gefühl daß etwas eingeschlossen sein sollte und jenes etwas war sehen, und so mich auf sehen konzentrierend, machte ich *Tender Buttons* weil es leichter war Gegenstände zu machen als Leute wenn man nur hinsieht. Dann begann ich Theaterstücke zu machen um das Sehen in sich ein Element von Bewegung haben zu lassen und während dieser Zeit machte ich auch Porträts die die gleiche Sache machten. Diese Dinge tuend, fand ich daß ich eine Wortmelodie schuf die mich mit einer Melodie erfüllte die mich allmählich dazu brachte leicht Porträts zu machen die Melodie von jedem einzelnen fühlend. Und das begann mich dann zu stören vielleicht weil ich betrunken wurde von Melodie und ich bin nicht gern betrunken ich bin gern nüchtern und so begann ich wieder.

Ich begann wieder nicht das Sehen vorherrschend sein zu lassen nicht das Zuhören und Sprechen vorherrschend sein zu lassen sondern einmal mehr all dieses von allem zu entblößen, zurückzukommen auf das Wesentliche der Sache die sich in sich selbst enthält. Das führte mich zu einigem sehr andersartigen Schreiben über das ich in der nächsten Sache die ich schreibe, erzählen werde aber es führte auch zu einigen Porträts die wie ich denke, taten was ich damals hoffte das getan würde das heißt wenigstens von mir, getan würde in dieser Art wenn es von mir getan werden sollte.

Von diesen gab es eine ziemliche Anzahl aber vielleicht zwei die es am vollständigsten taten die Sache die ich tun wollte, waren Porträts von George Hugnet und Bernard Fay. Ich will sie Ihnen vorlesen und Sie werden sehen was ich meine. All das Sehen war da das Sprechen und Zuhören war da aber statt zu geben was ich in irgendeinem und jedem Augenblick verwirklichte von ihnen und von mir bis ich leer war von ihnen machte ich daß sie in der Sache die ich schrieb die sie waren, enthalten waren. Die Sache in sich faltete sich selbst zusammen innen in sich wie man eine Sache zusammenfalten mag um eine andere Sache zu sein welche jene Sache ist innerhalb jener Sache.

Sehen Sie was ich meine.

Wenn Sie denken wie Sie Dinge falten oder ein Schiff machen oder irgend etwas sonst aus Papier oder irgend etwas dazu bringen innerhalb von irgend etwas zu sein, das Loch im Mehlkloß oder der Apfel im Backwerk, werden Sie sehen was ich meine. Ich will versuchen ein wenig mehr über diese Sache zu erzählen und wie ich über diese Sache fühlte und wie es geschah.

Diesmal wiederhole ich; um wieder darauf zurückzukommen, da war das Porträt Schreiben der *The Making of Americans* Periode. Da war das Porträt Schreiben der *Tender Buttons* Periode, Mabel Dodge kam in jene. Da war das Porträt Schreiben der *Geography and Plays* Periode die aufhörte mit *Capital Capitals*, und dann war da das Porträt Schreiben der *Useful Knowlegde* Periode, einschließlich Portraits von Sherwood Anderson und Carl Van Vechten. Natürlich wurden in jeder dieser Perioden viele viele Porträts geschrieben wie ich Porträts von fast jedem schrieb und da ich immer praktisch jeden Tag schreibe, freilich nicht lange aber praktisch jeden Tag und wenn man nicht lange aber praktisch jeden Tag schreibt, bekommt man sehr viel Geschriebenes. Das ist was ich tue und so bekomme bekomme ich sehr viel Geschriebenes. Ich habe eine große Anzahl Porträts geschrieben.

Dann also wie ich sagte am Ende von all diesem war ich dazu gekommen zu wissen daß ich eine Melodie hatte und meiner Melodie sicher zu sein jene Melodie trug mich freilich immer beim sehen und zuhören und sprechen aber Melodie trug mich und so wie immer mußte ich einmal mehr wieder beginnen und ich begann wieder.

Melodie sollte immer ein Nebenprodukt sein sie sollte niemals ein Ziel an sich sein sie sollte nicht eine Sache sein durch die man lebt wenn man wirklich und wahrhaftig einer ist der etwas tun muß und so wie ich sage, begann ich sehr genau wieder.

Ich hatte vor einiger Zeit wieder begonnen an Grammatik und Sätzen und Absätzen zu arbeiten und was sie bedeuten und an Theaterstücken und wie sie sich ausweiten in Beziehung zu irgend etwas gesehenem. Und bald war ich so vollkommen mit diesen Dingen beschäftigt daß Melodie, Schönheit wenn Sie wollen einmal mehr wie es immer sein sollte ein Nebenprodukt war.

Ich machte gleichzeitig als ich Theaterstücke und Grammatik zu dieser Zeit machte, ich machte Porträts, in diesen Porträts fühlte ich eine vollkommen andere Sache. Wie könnte eine Sache wenn es ein Mensch ist wenn es irgend etwas ist ganz in sich enthalten sein. Natürlich ist es, aber ist es und wie ist es und wie wußte ich daß es ist.

Das war die Sache von der ich dann herausfand daß sie vollkommen interessant ist, das war die Sache von der ich dann herausfand daß sie vollkommen aufregend ist. Wie war irgend etwas in sich selbst enthalten.

Ich fühlte daß ich dann zu fühlen begann daß jeder in sich selbst sehr anders war als ich je gefunden hatte wie jeder in sich selbst er selber war. Das war die Zeit zu der ich *Lucy Church Amiably* schrieb was ganz entschieden als eine Wahrnehmung von dem was gesehen wird, enthalten war innen in sich selbst, obgleich es da ein Wahrnehmen von dem was ich als eine Landschaft betrachtete, gab um innerlich in sich selbst zu sein, mußte es wie ich sagte wie ein Stich sein und ich denke es ist es. Aber die Leute in ihm waren in ihm wie im ganzen von ihm enthalten. Ich wollte dennoch Porträts machen wo es mehr Bewegung innen im Porträt gab und doch mußte es das ganze Porträt sein vollkommen enthalten in jenem innen.

Ich begann Bewegung als etwas anderes zu fühlen als ich sie gefühlt hatte.

Es begann für mich eine weniger ins einzelne gehende Sache zu sein und zu gleicher Zeit eine Sache die so vollständig innen in sich seiend war und sie war sie war so vollständig innen daß wirklich sehen und zuhören und sprechen nicht länger etwas waren notwendig für mich um etwas über diese Sache zu wissen darüber daß Bewegung seiend ist.

Und wie konnte ich es dazu kommen lassen, ich möchte Ihnen das kurze Porträt von George Hugnet vorlesen und vielleicht werden Sie sehen was ich meine. Es ist alles in ihm enthalten.
Es macht wirklich keinen Unterschied wer George Hugnet war oder was er tat oder was ich sagte, alles was notwendig war, war daß es da etwas vollständig in sich selbst enthaltenes gab und in sich selbst enthalten seiend war bewegen, nicht bewegen in Beziehung zu irgend etwas nicht bewegen in Beziehung zu sich selbst sondern einfach bewegen, ich glaube zu jener Zeit gelang mir diese Sache fast. Sehen Sie überhaupt in diesem Porträt von George Hugnet das ich Ihnen jetzt vorlesen will sehen Sie wirklich was ich meine und in diesem Porträt von Bernard Fay.

GEORGE HUGNET

George Geneviève Geronimo brachten es ins reine ohne es ausfindig zu machen.
Grammatik macht George in unserem Ring welche Grammatik macht George in unserem Ring.
Grammatik ist so enttäuscht ist nicht wie Grammatik ist so enttäuscht.
Grammatik ist nicht wie Grammatik ist so enttäuscht.
George ist in unserem Ring. Grammatik ist nicht ist enttäuscht. In unser seiendem Ring.
George Geneviève in unser seiendem Ring.
Portraits And Prayers. Seite 66.

Geduld ist liebenswürdig und liebenswürdigerweise.
Was ist liebenswürdig und liebenswürdigerweise.
Geduld ist liebenswürdig und liebenswürdigerweise.
Was ist Ungeduld.
Ungeduld ist liebenswürdig und liebenswürdigerweise.
Portraits And Prayers. Seite 42.

Jedenfalls das war für mich eine ungeheuer wichtige Sache und warum. Gut es war eine wichtige Sache an sich für mich aber es war auch eine wichtige Sache weil es mir klar machte was Poesie wirklich ist.
Das hat etwas mit dem zu tun was Edgar Allan Poe ist. Aber um Ihnen verständlich zu machen, daß obwohl ich wie gewöhnlich sah, zuhörte und sprach vielleicht mehr als je zu jener Zeit und ein sehr schwieriges und vielleicht zu aufregendes tägliches Leben führte, machte es nichtsdestoweniger nichts aus was ich sah oder hörte oder, wenn Sie wollen, fühlte, weil es jetzt endlich etwas gab das bewegter war als irgend etwas von all dem und irgendwie auf irgendeine Weise hatte ich es isoliert und auf eine Weise geschafft es zu schreiben. Es war ungefähr zu jener Zeit da ich *Four Saints* schrieb.
Das war alles sehr aufregend und es ging weiter und ich machte nicht sehr viele Porträts zu jener Zeit. Ich schrieb sehr viel Poesie sehr viele Theaterstücke und Opern und einige Romane in denen ich wieder versuchte diese Sache zu tun, in einem oder zwei tat ich es mehr oder weniger, in einem genannt *Brim Bauvais* tat ich es sehr oft, das heißt ich schuf etwas aus etwas ohne etwas hinzuzufügen, sehen Sie was ich meine.
Es bedeutet etwas ich versichere Ihnen es bedeutet etwas

obwohl es sehr schwer ist es auf irgendeine Weise zu sagen außer auf die Weise in der ich es damals sagte.
Und so wie ich sage ich schrieb nicht sehr viele Porträts zu jener Zeit.
Dann wurde ich langsam ein wenig müde, all das war ungeheuer aufregend gewesen, und eines Tages begann ich dann die Autobiographie von Alice B. Toklas zu schreiben. Sie alle kennen den Witz davon, und es tuend, tat ich etwas gänzlich anderes etwas etwas über das ich schon seit einiger Zeit nachgedacht hatte und das aus etwas Poesie entstanden war die ich geschrieben hatte, *Before The Flowers of Friendship Faded Friendship Faded* (Ehe die Blumen der Freundschaft verwelkten, verwelkte Freundschaft), aber das ist eine zu lange Geschichte um jetzt damit zu beginnen aber es wird alles erzählt werden in *Poetry and Grammar*.
Immerhin war die wichtige Sache daß ich zum erstenmal beim schreiben etwas außerhalb mir fühlte während ich schrieb, bisher hatte ich nie etwas anderes gehabt als das was in mir war während ich schrieb. Außerdem war ich zum erstenmal seit meiner Studienzeit zu Vorlesungen gegangen. Ich ging um Bernard Fay über französisch-amerikanische Dinge lesen zu hören und ich begann mich für die Beziehung zwischen einem Vortragenden und seiner Hörerschaft zu interessieren. Ich hatte vorher niemals über Hörerschaft nachgedacht nicht einmal als ich *Composition As Explanation* schrieb was eine Vorlesung war, aber nun begann ich plötzlich das Außen innen zu fühlen und das Innen außen und es war vielleicht nicht so aufregend aber es war sehr interessant. Jedenfalls war es ziemlich aufregend.
Und so schrieb ich die Autobiographie von Alice B. Toklas und erzählte was geschah als es geschah.
Wie ich bereits sagte, daß jetzt jeder in jedem Augenblick wissen kann was es ist das geschieht während es geschieht, ist was geschieht interessant aber es ist nicht wirklich aufre-

gend. Und ich bin nicht sicher ob ich nicht recht damit habe. Ich hoffe Sie alle denken daß ich recht damit habe. Auf jeden Fall ist es wahr da ist etwas viel aufregenderes als irgend etwas das geschieht und jetzt und immer schreibe ich das Porträt davon.

Ich habe die Porträts von *Four in America* geschrieben, versuchend zu schreiben daß Grant und Wilbur Wright und Henry James und Washington andere Dinge tun als sie taten um gerade ausfindig zu machen was es ist daß das was geschieht mit dem zu tun hat was ist.

Ich habe das beendet und nun versuche ich in diesen Vorlesungen zu sagen was ist, erzählend wie es geschah daß ich darüber sprach was es ist.

Ich hoffe Sie alle sehen ganz was ich meine. Jedenfalls nehme ich an daß ich unvermeidlich fortfahren werde es zu tun.

POETIK UND GRAMMATIK

Was ist Poesie und wenn man weiß was Poesie ist was ist Prosa.

Es hat keinen Sinn mehr zu sagen als man weiß, nein nicht einmal wenn man es nicht weiß.

Aber wissen Sie wissen Sie was Prosa ist und wissen Sie was Poesie ist.

Ich habe gesagt daß die Wörter in Theaterstücken die in Versen geschrieben sind, lebendiger sind als dieselben Wörter geschrieben von demselben Dichter in anderen Arten von Poesie. Es war zweifellos wahr bei Shakespeare, es ist unvermeidlich wahr bei jedem. Darüber sollte man nachdenken. Ich sagte daß die Wörter in einem Theaterstück geschrieben in Prosa nicht so lebendige Wörter sind wie die Wörter geschrieben in anderer Prosa von demselben Schriftsteller. Das ist wahr bei Goldsmith und ich stelle mir vor es ist wahr bei fast jedem Schriftsteller.

Hier wieder hier ist etwas das man wissen muß.

Eines der Dinge die sehr interessant zu wissen sind, ist wie man innerlich die Wörter fühlt die herauskommen um außerhalb von einem zu sein.

Haben Sie immer dasselbe Gefühl in bezug auf den Klang der Wörter wie sie aus Ihnen herauskommen oder haben Sie es nicht. All das hat so viel mit Grammatik zu tun und mit Poesie und mit Prosa.

Wörter haben alles zu tun in Poesie und Prosa und manche Schriftsteller benutzen mehr Artikel und Präpositionen und manche sagen man sollte Substantive benutzen, und selbstverständlich muß man an alles denken.

Ein Substantiv ist ein Name von irgend etwas, also nachdem ein Ding benannt ist, schreibe darüber. Ein Name ist entsprechend oder er ist es nicht. Wenn er entsprechend ist dann warum ihn noch weiter nennen, wenn er es nicht ist, tut es nicht gut ihn bei seinem Namen zu nennen.

Leute können, glauben Sie es ruhig durch ihren Namen gemacht werden. Nennen Sie irgend jemand Paul und er wird ein Paul werden, nennen Sie irgend jemand Alice und sie wird eine Alice werden vielleicht ja vielleicht nein, daran ist etwas, aber allgemein gesprochen, wenn Dinge erst einmal benannt sind, tut der Name nicht mehr länger etwas für sie und so warum Substantive benutzen. Substantive sind die Namen von allem und nur Namen nennen, ist in Ordnung wenn man jemanden beim Namen aufrufen will aber ist es gut für irgend etwas anderes. Gewiß an vielen Orten in Europa wie in Amerika rufen sie einen gern beim Namen auf.

Wie ich sage, ist ein Substantiv ein Name einer Sache, und daher allmählich wenn Sie fühlen was innerhalb jener Sache ist, nennt man es nicht bei dem Namen unter dem es bekannt ist. Jedermann weiß das durch die Art wie sie es tun wenn sie verliebt sind und ein Schriftsteller sollte immer jene Intensität des Gefühls haben was auch der Gegenstand ist über den er schreibt. Und daher und ich sage es wieder benutzt man weniger und weniger Substantive.

Nun was für andere Dinge gibt es außer Sustantiven, es gibt eine Menge anderer Dinge außer Substantiven.

Wenn man in der Schule ist und Grammatik lernt, ist Grammatik sehr aufregend. Ich weiß wirklich nicht daß irgend etwas je aufregender gewesen wäre als Diagramme von Sätzen aufzustellen. Ich vermute andere Dinge mögen für andere wenn sie in der Schule sind, aufregender sein aber für mich war in der Schule zweifellos das wirklich vollkommen aufregende Ding Diagramme aufzustellen und das ist für mich seither immer dasjenige gewesen das vollständig aufregend und vollständig vervollständigend war. Ich habe das Gefühl gern das immerwährende Gefühl von Sätzen wie sie selbst Diagramme aufstellen.

Auf jene Weise besitzt man vollständig etwas und zugleich sein Selbst. Nun wenn man Diagramme von Sätzen aufstellt, gibt es selbstverständlich Artikel und Präpositionen und wie ich sage, gibt es Substantive aber Substantive sind wie ich sage sogar durch Definition vollständig uninteressant, dasselbe trifft auf Adjektive zu. Adjektive sind nicht wirklich und wahrhaftig interessant. Auf eine Weise kann das jeder wissen, hat es immer gewußt, weil schließlich Adjektive auf Substantive eine Wirkung ausüben und da Substantive nicht wirklich interesssant sind, ist das Ding das eine Wirkung auf ein nicht zu interessantes Ding ausübt notwendigerweise nicht interessant. In einer Weise weiß das wie ich sage jeder weil natürlich das erste Ding das irgendeiner aus dem geschriebenen von irgendeinem herausnimmt die Adjektive sind. Sie sehen bei sich selber wie wahr das ist was ich eben gesagt habe.

Neben den Substantiven und den Adjektiven gibt es Verben und Adverbien. Verben und Adverbien sind interessanter. In erster Linie haben sie eine sehr hübsche Eigenschaft und das ist daß sie so falsch sein können. Es ist wunderbar wie viele Fehler ein Verb machen kann und das trifft ebenso auf ein Adverb zu. Substantive und Adjektive können nie Fehler machen, können nie falsch sein aber Verben können unaufhörlich so sein, sowohl in dem was sie tun und wie sie übereinstimmen oder nicht übereinstimmen mit dem was sie tun. Dasselbe trifft auf Adverbien zu.

Auf diese Weise kann jeder sehen dass Verben und Adverbien interessanter sind als Substantive und Adjektive. Außer imstande zu sein sich zu irren und Fehler zu machen, können Verben sich verändern um auszusehen wie sie selbst oder um auszusehen wie etwas anderes, sie sind, sozusagen in Bewegung und Adverbien bewegen sich mit ihnen und jedes von ihnen ist ganz und gar nicht störend aber sehr oft sehr im Irrtum. Das ist der Grund warum jeder gern haben kann was Verben tun können. Dann kommen die Dinge die sich unter allen Dingen am meisten irren können und das sind Präpositionen. Präpositionen können ein langes Leben leben indem sie wirklich nichts sind wirklich absolut nichts als falsch und das macht sie irritierend wenn man bei Fehlern so fühlt aber wirklich zu etwas das man fortgesetzt gebrauchen und an dem man sich immerwährend erfreuen kann. Ich habe Präpositionen am liebsten von allen, und recht bald werden wir uns noch näher damit befassen.

Dann gibt es Artikel. Artikel sind genau so interessant wie Substantive und Adjektive es nicht sind. Und warum sind sie genau so interessant wie Substantive und Adjektive es nicht sind. Sie sind interessant weil sie das tun was ein Substantiv tun könnte wenn ein Substantiv nicht unglücklicherweise nicht so vollkommen unglücklicherweise der Name von etwas wäre. Artikel gefallen, ein eine der die das gefallen wie der Name der folgt nicht gefallen kann. Sie die Namen das heißt die Substantive können nicht gefallen, weil schließlich nach allem was Sie wissen nun gut es schließlich das ist was Shakespeare meinte wenn er von einer Rose unter irgend einem andern Namen sprach.

Ich hoffe nun kann niemand mehr irgend eine Illusion haben über ein Substantiv oder über das Adjektiv das das Substantiv begleitet.

Aber ein Artikel ein Artikel bleibt ein empfindliches und ein vielfältiges Etwas und jeder der Artikel verwenden will und sie zu gebrauchen weiß, wird immer das Vergnügen haben das der Gebrauch von etwas das vielfältig und lebendig ist, geben kann. Das ist was Artikel sind.

Außerdem gibt es Konjunktionen, und eine Konjunktion ist nicht vielfältig aber sie hat eine Kraft die keinen fühlen lassen braucht daß sie langweilig ist. Konjunktionen haben sich selbst lebendig gemacht durch ihre Arbeit. Sie arbeiten und indem sie arbeiten, leben sie und sogar wenn sie nicht arbeiten und heutzutage leben sie nicht immer durch Arbeit leben sie nichtsdestoweniger doch.

So sehen Sie warum ich gerne Präpositionen und Konjunktionen und Artikel und Verben und Adverbien verwende aber nicht Substantive und Adjektive. Wenn Sie meine Arbeiten lesen, werden Sie sehen, sehen Sie was ich meine. Natürlich gibt es dann noch Pronomina. Pronomina sind nicht so schlimm wie Substantive weil sie in erster Linie überhaupt nicht von Adjektiven begleitet werden können. Schon das macht sie besser als Substantive.

Und abgesehen davon daß sie nicht von Adjektiven begleitet werden können, sind sie natürlich nicht wirklich der Name von irgendetwas. Sie stellen jemanden dar aber sie sind nicht sein oder ihr Name. Indem sie nicht sein oder ihr Name sind, haben sie bereits eine größere Möglichkeit etwas zu sein als wenn sie es wären da ein Substantiv der Name von allem ist. Tatsächlich gegebene Namen von Leuten sind also lebendiger als Substantive die der Name von allem sind und ich nehme an daß das ist weil schließlich der Name jenem Menschen nur gegeben wurde als er zur Welt kam, da ist zumindest das Element von Wahl sogar das Element von Veränderung und jeder kann sehr gut machen was er will, er mag ein geborener Walter sein und Hub werden, solcherart sind sie nicht wie ein Substantiv. Ein Substantiv ist der Name von irgendetwas für eine so sehr lange Zeit gewesen.

Das ist der Grund daß es Slang gibt es ist um die Substantive zu verändern die so lange Namen gewesen sind. Ich sage es wieder. Verben und Adverbien und Artikel und Konjunktionen und Präpositionen sind lebendig weil sie alle etwas tun und so lange irgend etwas etwas tut, bleibt es lebendig.

Man könnte seiner Liste Interjektionen hinzugefügt haben aber Interjektionen haben wirklich nichts zu tun mit irgendetwas nicht einmal mit sich selbst. Soviel über das. Und um uns nun mit der Frage der Interpunktion zu beschäftigen. Es gibt einige Interpunktionen die interessant sind und es gibt einige Interpunktionen die es nicht sind. Lassen Sie uns mit den Interpunktionen beginnen die es nicht sind. Von diesen ist eine aber nicht die erste und die am meisten am vollständigsten uninteressante das Fragezeichen. Das Fragezeichen ist richtig wenn es ganz allein steht wenn es gebraucht wird als ein Stempel beim Vieh oder wenn es als Verzierung gebraucht werden könnte aber im Zusammenhang mit schreiben ist es vollständig ganz und gar vollständig uninteressant. Es ist offensichtlich daß wenn man eine Frage stellt man eine Frage stellt aber jeder der überhaupt lesen kann, weiß wann eine Frage eine Frage ist wie es im geschriebenen geschrieben ist. Deshalb frage ich Sie deshalb weshalb sollte man es benutzen das Fragezeichen. Außerdem stimmt es in seiner Form nicht mit dem üblichen Druck überein und so gefällt es weder dem Auge noch dem Ohr und daher ist es wie ein Substantiv, einfach ein unnötiger Name von etwas. Eine Frage ist eine Frage, jeder kann wissen daß eine Frage eine Frage ist und warum dann das Fragezeichen hinzufügen wenn sie bereits da ist wenn die Frage bereits da ist im geschriebenen. Daher konnte ich mich nie dazu bringen ein Fragezeichen zu benutzen, ich fand es immer ausgesprochen abstoßend, und jetzt benutzen es nur sehr wenige. Ausrufungszeichen haben dieselbe Schwierigkeit und ebenfalls Anführungszeichen, sie sind unnötig, sie sind häßlich, sie verderben das Bild des geschriebenen oder des Druckes und überhaupt was ist der Zweck, wenn man nicht weiß daß eine Frage eine Frage ist was ist der Zweck davon eine Frage zu sein. Dasselbe trifft auf eine Ausrufung zu. Und dasselbe trifft auf eine Anführung zu. Als ich zuerst zu schreiben begann, fand ich es einfach unmöglich Fragezeichen und Anführungszeichen und Ausrufungszeichen zu benutzen und jetzt sieht es jeder auf

diese Weise. Vielleicht wird man es eines Tages anders sehen aber jetzt jedenfalls kann es jeder sehen und sieht es auf diese Weise.
So sind das die uninteressanten Dinge bei Interpunktion uninteressant in einer Weise die ganz offensichtlich ist, und so brauchen wir uns nicht weiter damit zu befassen. Außerdem gibt es Gedankenstriche und Pünktchen, und diese könnten interessant sein Zwischenräume könnten interessant sein. Sie könnten es wenn man bei ihnen so empfinden würde.
Ein anderes kleines Interpunktionszeichen bei dem man etwas empfinden kann, ist der besitzanzeigende Apostroph. Gut empfinden Sie dabei wie Sie wollen, ich kann sehen und ich sehe daß für viele daß für manche der Apostroph des Genitivs einen feinen zarten Unterton hat der es sehr schwer macht sich endgültig zu entschließen darauf zu verzichten. Man verzichtet darauf, ich tue es, ich tue es fast immer, aber ich kann nicht leugnen daß ich von Zeit zu Zeit fühle daß ich es bedauere und von Zeit zu Zeit setze ich es hinzu um den Genitiv zu bilden. Ich kann es absolut nicht leiden wenn es allein wenn es außerhalb des Wortes ist wenn das Wort ein Plural ist, nein dann bestimmt und endgültig nein, ich kann es nicht leiden und wenn ich es auslasse, fühle ich kein Bedauern, da ist es unnötig und nicht schmükkend aber innerhalb eines Wortes und seines «s'», gut vielleicht, vielleicht appelliert es durch seine Schwäche an Ihre Schwäche. Immerhin auf jeden Fall von Zeit zu Zeit ertappe ich mich dabei es in Ruhe zu lassen wenn es nun schon einmal hereingekommen ist und zuweilen ist es hereingekommen. Ich kann nicht wirklich leugnen daß ich es von Zeit zu Zeit hereinkommen lasse.
Um nun zu der wirklichen Frage der Interpunktion zu kommen, Punkte, Kommata, Doppelpunkte, Strichpunkte und große und kleine Buchstaben. Ich habe mit all diesen ein langes und kompliziertes Leben gehabt.

Lassen Sie uns zuerst mit denen beginnen die ich am wenigsten benutze und das sind Doppelpunkte und Srichpunkte, man könnte ihnen noch Kommata hinzufügen.
Als ich zuerst zu schreiben begann, fühlte ich daß schreiben weitergehen sollte, ich fühle immer noch daß es weitergehen sollte aber als ich zuerst zu schreiben begann, war ich völlig besessen von der Notwendigkeit daß schreiben weitergehen sollte und wenn schreiben weitergehen sollte was hatten Doppelpunkte und Strichpunkte damit zu tun, was hatten Kommata damit zu tun, was hatten Punkte damit zu tun was hatten kleine und große Buchstaben damit zu tun zu tun mit dem weitergehen des schreibens was damals das tiefste Bedürfnis war das ich im Zusammenhang mit schreiben hatte. Was hatten Doppelpunkte und Strichpunkte damit zu tun was hatten Kommata damit zu tun was hatten Punkte damit zu tun.
Was hatten Punkte damit zu tun. Unvermeidlich ganz gleich wie notwendig es für mich war daß schreiben weiterging, physisch mußte man wieder und wieder manchmal anhalten und wenn man wieder und wieder anhalten mußte dann mußte es Punkte geben. Außerdem hatte ich immer den Anblick von Punkten gern gehabt und ich hatte gern was sie taten. Anhalten hielt einen manchmal nicht wirklich davon ab weiterzugehen, es war nichts was unterbrach, es war nur etwas was geschah, und indem es wie ein vollkommen natürliches Geschehen geschah, glaubte ich an Punkte und ich benutzte sie. Ich hörte wirklich niemals auf sie zu benutzen. Außerdem mochten Punkte später dazu kommen ein eigenes Leben zu haben, anzufangen Dinge eigenmächtig aufzubrechen, das ist mir kürzlich geschehen bei einem Gedicht das ich geschrieben habe, genannt *Winning His Way* [Seinen Weg machen], später will ich Ihnen etwas davon vorlesen. Damals als ich dieses Gedicht geschrieben hatte ungefähr vor drei Jahren war es dazu gekommen daß Punkte für

mich ein vollkommen eigenes Leben hatten. Sie konnten anfangen zu handeln wie sie es für richtig hielten und man mochte sein schreiben mit ihnen unterbrechen das heißt nicht wirklich sein schreiben mit ihnen unterbrechen aber man konnte dazu kommen anzuhalten zeitweise eigenmächtig anzuhalten in seinem schreiben und so konnten sie benutzt werden und Sie konnten sie benutzen. Punkte konnten auf diese Weise dazu kommen zu existieren und sie konnten auf diese Weise dazu kommen ein eigenes Leben zu haben. Sie dienten einem nicht in irgendeiner servilen Weise wie Kommata und Doppelpunkte und Strichpunkte es tun. Ja Sie fühlen doch was ich meine.

Punkte haben ein eigenes Leben eine eigene Notwendigkeit ein eigenes Gefühl eine eigene Zeit. Und jenes Gefühl jenes Leben jene Notwendigkeit jene Zeit kann sich selbst ausdrücken in einer unendlichen Mannigfaltigkeit das ist der Grund warum ich Punkten immer treu geblieben bin so sehr daß ich wie ich sage kürzlich gefühlt habe daß man sie nötiger haben könnte als man sie je gehabt hatte.

Sie können sehen was für ein ganz anderes Ding ein Punkt ist als ein Komma, ein Doppelpunkt oder ein Strichpunkt. Es gibt zwei verschiedene Arten über Doppelpunkte und Strichpunkte zu denken man kann an sie als Kommata denken und als solche sind sie einfach servil oder man kann an sie als Punkte denken und dann bei ihrem Gebrauch kann man sich als ein Abenteurer fühlen. Ich kann sehen daß man sie als Punkte empfinden könnte aber ich habe es nie getan, ich begann unglücklicherweise sie als Kommata zu empfinden und Kommata sind servil sie haben kein eigenes Leben sie hängen von Gebrauch und Belieben ab und sie sind nur aus praktischen Gründen hingesetzt worden. Strichpunkte und Doppelpunkte hatten für mich von Anfang an vollkommen diesen Charakter den Charakter den ein Komma hat und nicht den Charakter den ein Punkt hat und daher und endgültig habe ich sie nie benutzt. Aber jetzt verschwommen und endgültig sehe ich daß es gut möglich wäre daß sie möglicherweise etwas haben könnten von dem Charakter des Punktes und so hätte es ein Abenteuer sein können sie zu benutzen. Wirklich denke ich nicht so. Ich denke wie lebendig auch immer sie sind oder wie verkleidet sie sind, sind sie entschieden eher Komma als Punkt und so kann ich wirklich nicht bedauern sie nicht benutzt zu haben. Sie sind mächtiger gewichtiger anspruchsvoller als ein Komma aber sie sind dennoch ein Komma. Sie haben wirklich in sich tief in sich grundlegend in sich die Natur eines Kommas. Und nun was tut ein Komma und was hat es zu tun und warum empfinde ich es so wie ich es tue.

Was tut ein Komma.

Ich habe sie so oft verneint und sie so oft fortgelassen und es so unaufhörlich ohne sie gemacht daß ich endgültig dazu gekommen bin ihnen gegenüber gleichgültig zu sein. Mir ist es jetzt gleich ob man sie setzt oder nicht aber lange hatte ich sehr bestimmte Ansichten über sie und und wollte nichts mit ihnen zu tun haben.

Wie ich sage, sind Kommata servil und sie haben kein eigenes Leben und ihre Benutzung ist ohne Nutzen, es ist eine Art das eigene Interesse zu ersetzen und ich habe es entschieden gern mein eigenes Interesse gern zu haben mein eigenes Interesse an dem was ich tue. Ein Komma einem weiterhelfend indem es einem den Mantel hält und die Schuhe anzieht, hindert einen daran das eigene Leben zu leben so aktiv wie man es führen sollte und für mich war während vieler Jahre und ich empfinde es immer noch in dieser Weise nur zolle ich ihm jetzt nicht mehr so viel Aufmerksamkeit, der Gebrauch von ihnen wahrhaft entwürdigend. Lassen Sie mich Ihnen sagen was ich fühle und was ich meine und was ich fühlte und was ich meinte.

Als ich jene langen Sätze von *The Making of Americans* [Das

Werden der Amerikaner] schrieb, wurden Verben aktive Verben der Gegenwart mit langen abhängigen adverbialen Nebensätzen eine Leidenschaft von mir. Ich habe Ihnen gesagt daß ich erkenne daß Verben und Adverbien unterstützt von Präpositionen und Konjunktionen mit Pronomen das ganz aktive Leben des schreibens besitzen.
Komplikationen bewirken schließlich Einfachheit und daher habe ich immer abhängige adverbiale Nebensätze gern gehabt. Ich habe abhängige adverbiale Nebensätze gern gehabt wegen der Vielfalt ihrer Abhängigkeit und Unabhängigkeit. Sie können sehen daß wenn man die Intensität von Komplikation dieser Dinge liebt Kommata degradierend wären. Warum wenn Sie das Vergnügen des sich konzentrierens auf die endgültige Einfachheit außergewöhnlicher Komplikation haben wollen, würden Sie irgend eine künstliche Hilfe haben wollen um jene Einfachheit zustande zu bringen. Sehen Sie nun warum ich über Kommata fühle wie ich es tat und wie ich es tue.
Denken Sie an irgendetwas was Sie wirklich gerne tun und Sie werden sehen was ich meine.
Wenn es wirklich schwierig wird, will man den Knoten eher entwirren als zerschneiden, so fühlt wenigstens jeder der mit irgendeinem Faden arbeitet, so fühlt jeder der mit irgendeinem Werkzeug arbeitet so fühlt jeder der irgendeinen Satz schreibt oder liest nachdem er geschrieben worden ist. Und was tut ein Komma, ein Komma tut nichts als eine Sache leicht zu machen die wenn man sie gern genug tut leicht genug ist ohne das Komma. Ein langer komplizierter Satz sollte sich einem einprägen, sollte einem bewußt machen daß man ihn kennt und das Komma, gut im besten Fall ist ein Komma ein armer Punkt der einen anhalten und Atem holen läßt doch wenn man Atem holen will, sollte man selber wissen daß man Atem holen will. Es ist nicht wie ganz und gar anhalten wie es ein Punkt tut

ganz und gar anhalten, hat etwas mit weitergehen zu tun aber Atem holen nun man holt immer Atem und warum sollte man einen Atemzug mehr betonen als einen andern. Jedenfalls ist das die Art wie ich es empfand und ich empfand das sehr sehr stark. Und so benutzte ich fast nie ein Komma. Je länger, je komplizierter der Satz umso größer die Anzahl derselben Art Wörter die ich eines dem andern folgen ließ, je mehr je vielmehr ich von ihnen gebrauchte um so mehr fühlte ich die leidenschaftliche Notwendigkeit ihres sich selber um sich selbst kümmerns und des ihnen nicht helfens, und des sie schwächens indem man ein Komma setzt.

So das ist die Art wie ich Interpunktion bei Prosa empfand, bei Poesie ist es ein wenig anders aber noch mehr so und später will ich mich damit befassen. Doch das ist die Art wie ich Interpunktion bei Prosa empfand.

Ein anderer Teil der Interpunktion sind große und kleine Buchstaben. Jeder kann es wirklich so machen wie es ihm gefällt und man kann sagen daß man es im englischen Buchdruck immer so gemacht hat.

Wenn Sie ältere Bücher lesen, werden Sie sehen daß sie sehr wohl mit großen und kleinen Buchstaben das tun was ihnen gefällt und ich habe immer gefühlt daß man sehr wohl mit großen und kleinen Buchstaben das tut was einem gefällt. Manchmal fühlt man daß Italiener mit einem großen und manchmal daß es mit einem kleinen Buchstaben geschrieben werden sollte, so kann man bei fast allem fühlen. Ich selber fühle bei Eigennamen nicht so, ich sehe sie fast lieber mit einem großen Buchstaben geschrieben aber ich kann vollkommen verstehen daß sehr viele nicht so fühlen. Kurz in Prosa haben große und kleine Buchstaben wirklich nichts zu tun mit dem inneren Leben der Sätze und Absätze wie die andern Satzzeichen es haben gerade wie ich es eben gesagt habe.

Wir haben immer noch große und kleine Buchstaben und werden sie wahrscheinlich noch eine Zeitlang haben aber tatsächlich geht die Tendenz immer mehr dahin große Buchstaben seltener zu benutzen und das ist ganz richtig weil das Gefühl das sie begleitet weniger und weniger ein Gefühl ist und so werden langsam und unvermeidlich genau wie Pferde große Buchstaben verschwunden sein. Sie werden von Zeit zu Zeit zurückkommen aber vielleicht nie wirklich zurückkommen um zu bleiben.

Vielleicht ja vielleicht nein aber wirklich und unvermeidlich wirklich macht es wirklich nicht wirklich einen Unterschied.

Aber und sie werden so lange mit uns sein wie Menschen immer weiter existieren und einen Wortschatz haben, Sätze und Absätze werden mit uns sein und daher werden unvermeidlich und wirklich Punkte mit uns sein und von diesen Dingen die immer unvermeidlich mit uns sein werden in Prosa und Poesie weil Prosa und auch Poesie immer mit uns sein werden, will ich Ihnen weiter alles erzählen was ich weiß.

Sätze und Absätze. Sätze sind nicht emotional doch Absätze sind es. Ich kann das sagen so oft ich will und es bleibt immer wie es ist, etwas das ist.

Ich sagte daß ich das zuerst herausfand als ich zuhörte wie mein Hund Basket trank. Und jeder der irgendeinem Hund beim trinken zuhört, wird sehen was ich meine.

Als ich *The Making of Americans* schrieb, versuchte ich diese wesentliche Kombination zu zerbrechen indem ich riesig lange Sätze machte die so lang sein sollten wie der längste Absatz und um so zu sehen ob es wirklich und wahrhaftig diesen wesentlichen Unterschied zwischen Absätzen und Sätzen gäbe, wenn man es weit genug damit triebe Sätze lang genug zu machen damit sie so lang wie irgendein Absatz würden und so in ihnen das Gleichgewicht eines Ab-

satzes hervorzubringen nicht ein Gleichgewicht eines Satzes, weil natürlich das Gleichgewicht eines Absatzes nicht das gleiche Gleichgewicht ist wie das Gleichgewicht eines Satzes. Man braucht nur irgend etwas zu lesen um das zu wissen. Ich sage wenn es mir gelänge meine Sätze so lang zu machen daß sie in sich das Gleichgewicht von beiden enthielten beiden Sätzen und Absätzen, was wäre das Resultat.
Es gelang mir in einigen Sätzen von *The Making of Americans* das zu tun ein Gleichgewicht zu schaffen das weder das Gleichgewicht eines Satzes noch das Gleichgewicht eines Absatzes war und indem ich das tat, fühlte ich verschwommen daß ich etwas getan hatte was nicht zu irgendetwas führte weil man schließlich nicht zwei Dinge verlieren sollte um ein Ding zu haben weil man wenn man das tut, schreiben gerade um das weniger vielfältig macht.
Das ist eine Sache die ich tat. Dann gibt es noch eine Sache und das war eine sehr wichtige Sache, indem ich das tat indem ich etwas erreichte das weder das Gleichgewicht eines Satzes noch das Gleichgewicht eines Absatzes hatte sondern ein Gleichgewicht ein neues Gleichgewicht das zu tun hatte mit einem Gefühl von Bewegung von Zeit eingeschlossen in einen gegebenen Raum was wie ich schon gesagt habe eine entschieden amerikanische Sache ist.
Ein Amerikaner kann einen Raum ausfüllen indem er seine Bewegung von Zeit hat durch unerwartetes hinzufügen von irgend etwas und doch alles in den gegebenen Raum hineinbekommend was er hineinbekommen wollte.
Ein junger Franzose er ist ein rothaariger Nachkomme von der Nichte der Madame Récamier ging ganz unerwartet für zwei Wochen nach Amerika und ich sagte zu ihm was ist Ihnen drüben am meisten aufgefallen. Nun sagte er zuerst waren sie nicht so verschieden von uns Franzosen wie ich erwartet hatte und dann sah ich daß sie es waren daß sie anders waren. Und wieso, sagte ich, nun sagte er, wenn

ein Zug mit rasender Geschwindigkeit vorüberfuhr und wir mit dem Hut winkten, konnte der Lokomotivführer ganz unbekümmert eine Glocke ting ting ting läuten lassen, so wie irgendeiner der mit etwas spielt es tun könnte, es war nicht wenn Sie wissen was ich meine berufsmäßig sagte er. Vielleicht sehen Sie den Zusammenhang damit und meinen Sätzen die nicht länger das Gleichgewicht von Sätzen hatten weil sie nicht die Teile eines Absatzes waren noch waren sie ein Absatz aber sie hatten bewirkt insoweit sie dazu gekommen waren so lang zu sein und mit ihrem eigenen Gleichgewicht daß sie daß sie etwas geworden waren das ein Ganzes war und so seiend, hatten sie ein Gleichgewicht das das Gleichgewicht eines Raumes war ganz und gar nicht ausgefüllt aber geschaffen durch etwas sich bewegendes da bewegendes nicht ist wie bewegendes sein sollte. Wie ich sagte, hatte Henry James in seinen späteren Werken ein verschwommenes Gefühl gehabt daß es das war was er wie er wußte, hätte tun sollen.

Und so obwohl wie ich sagte es immer Sätze und Absätze geben muß, kann die Frage wirklich gestellt werden ob es immer Sätze und Absätze geben muß, ist es nicht möglich in sich selbst und nicht durch Sätze und Absätze zu der Kombination zu gelangen daß Sätze nicht emotional sind und Absätze es sind.

In einem Buch genannt *How to Write* [Wie man schreiben soll] arbeitete ich viel an dieser Sache indem ich versuchte genau herauszufinden was das Gleichgewicht das nicht emotionale Gleichgewicht eines Satzes ist und was das emotionale Gleichgewicht eines Absatzes ist und ob es möglich wäre sogar in einem kurzen Satz die beiden Dinge dazu zu bringen eins zu werden. Ich glaube einige Male hatte ich Erfolg. Wollen Sie einen oder zwei Sätze hören bei denen ich glaubte das getan zu haben.

Er sieht wie ein junger altgewordener Baum aus.
How to Write. (Plain Edition) Random House. Seite 25.

Es sieht aus wie ein Garten aber er hatte sich zufällig verletzt.
How to Write. Seite 26.

Ein Hund den man nie zuvor gehabt hat, hat geseufzt.
How to Write. Seite 27.

Einmal als sie fast bereit waren, hatten sie befohlen es zu schließen.
How to Write. Seite 29.

Wenn ein Ton gemacht wird der lauter wird und dann aufhört wie oft kann er wiederholt werden.
How to Write. Seite 89.

Schlachten sind benannt weil es Hügel gegeben hat die einen Hügel in einer Schlacht gemacht haben.
How to Write. Seite 89.

Eine Bucht und Hügel Hügel sind umgeben davon ihre Entfernung sehr nahe habend.
How to Write. Seite 89.

Weiden werden tatsächlich und können, werden tatsächlich gefällt werden und werden zersägt werden und werden tatsächlich als Holz benutzt werden und können als Holz benutzt werden.
How to Write. Seite 90.

Das Ding an das man sich erinnern muß, ist daß wenn es nicht das ist wenn es nicht das ist was es ihnen gelassen hat es es sehr ähnlich seiend macht so ähnlich wie sie sein würden nach allem wählen nach allem wählen um zur Zeit hier zu sein.

How to Write. Seite 259.

Trotz meiner Absicht über Grammatik und Poesie zu schreiben, schreibe ich immer noch über Grammatik und Prosa, aber und natürlich es mag oder es mag nicht wahr sein wenn Sie im wesentlichen herausfinden was Prosa ist und im wesentlichen was Poesie ist, mag Ihnen nichts so aufregendes zustoßen wie es mir bei Sätzen und Absätzen geschah.

Schließlich ist die natürliche Art zu zählen nicht daß eins und eins zwei machen sondern weiterzugehen mit eins und eins zu zählen wie Chinesen es machen wie jeder es macht wie Spanier es machen wie meine kleinen Tanten es machten. Eins und eins und eins und eins und eins. Das ist die natürliche Art um mit zählen weiterzugehen.

Nun was hat das mit Poesie zu tun. Es hat sehr viel mit Poesie zu tun.

Alles hat sehr viel mit Poesie zu tun alles hat sehr viel mit Prosa zu tun.

Und hat Prosa irgendetwas mit Poesie zu tun und hat Poesie irgendetwas mit Prosa zu tun.

Und was haben Substantive mit Poesie zu tun und Punkte und große Buchstaben. Die andern Interpunktionszeichen müssen wir nie wieder erwähnen. Andere Leute mögen mit ihnen umgehen wie sie wollen aber wir müssen sie nie erwähnen. Doch Substantive müssen noch erwähnt werden weil wenn man dazu kommt Substantive zu vermeiden sehr viel geschieht und geschehen ist. Es war eines der Dinge die in einem Buch geschahen das ich *Tender Buttons* [Zärtliche Knöpfe] nannte.

In *The Making of Americans* einem langen sehr langen Prosabuch bestehend aus Sätzen und Absätzen und dem neuen Etwas das etwas war was weder der Satz noch der Absatz jeder allein oder zusammen je getan hatten, sagte ich ich sei Substantive und Adjektive so viel als möglich losgeworden durch die Methode in Adverbien in Verben in Pronomina zu leben, in adverbialen Nebensätzen geschrieben oder angedeutet und in Konjunktionen.

Aber und nachdem ich so weit gegangen war wie ich konnte in diesen langen Sätzen und Absätzen die dazu gekommen waren etwas anderes zu tun, begann ich dann sehr kurze Dinge und indem ich sehr kurze Dinge tat, verwirklichte ich entschieden Substantive und beschloß ihnen nicht auszuweichen sondern mich ihnen zu stellen, sie zu handhaben kurz sie abzulehnen indem ich sie benutzte und auf jene Art hat meine wirkliche Bekanntschaft mit Poesie begonnen. Ich will versuchen ein wenig klarer und eingehender zu erzählen was gerade geschehen ist und warum es war wenn es wie natürliches zählen war, das heißt zählen mit eins eins eins eins eins.

Substantive sind wie Sie alle wissen die Namen von jedem und als die Namen von jedem mußte man sie selbstverständlich benutzen. Und was haben sie getan. Und was hat jeder mit ihnen getan. Das ist etwas das man wissen muß. Es ist wie Sie sagen mögen wie ich sagen mag etwas von dem man sehr viel wissen muß.

Substantive sind die Namen von jedem und jedes ist benannt, das ist was Adam und Eva taten und wenn man will, ist es das was jeder tut, aber benutzen sie ruhig weiter den Namen bis sie vielleicht nicht wissen was der Name ist oder wenn sie wissen was der Name ist, kümmern sie sich nicht darum was der Name ist. Das kann geschehen natürlich kann es geschehen. Und was hat Poesie damit zu tun und was hat Prosa damit zu tun und wenn alles wie ein Substantiv das ein Name von jedem ist, vermieden werden soll was geschieht. Und was hat das mit Poesie zu tun. Sehr viel denke ich und auch all das hat mit andern Dingen zu tun mit kurzen und langen Zeilen und Reimen.

Aber zuerst was ist Poesie und was ist Prosa. Ich frage mich ob ich es Ihnen sagen kann.

Wir wissen jetzt ein wenig was Prosa ist. Prosa ist das Gleichgewicht das emotionale Gleichgewicht das die Realität von Absätzen macht und das nicht emotionale Gleichgewicht das die Realität von Sätzen macht und wenn man sich klar wurde vollständig klar wurde daß Sätze nicht emotional sind während Absätze es sind, kann Prosa das grundlegende Gleichgewicht sein das innerhalb von etwas gebildet wird das den Satz und den Absatz verbindet, Beispiele dafür habe ich Ihnen vorgelesen.

Nun wenn es das ist was Prosa ist und das ist unzweifelhaft das was Prosa ist, können Sie sehen daß Prosa wirkliche Prosa wirklich große geschriebene Prosa unbedingt mehr aus Verben Adverbien Präpositionen präpositionalen Nebensätzen und Konjunktionen gemacht ist als aus Substantiven. Der Wortschatz in Prosa ist natürlich wichtig wenn Sie wollen ist Wortschatz immer wichtig, tatsächlich ist es eines der Dinge die man herausfinden kann und womit ich sehr viel experimentierte in *How to Write*, Wortschatz an und für sich und durch sich selbst kann interessant sein und einen Sinn haben. Jeder kann das wissen wenn er an Wörter denkt. Es ist außerordentlich wie unmöglich es ist daß ein Wortschatz keinen Sinn hat. Aber das ist natürlich tatsächlich unvermeidlich weil ein Wortschatz das durch Definition ist, und so weil das so ist, ist der Wortschatz in bezug auf Prosa weniger wichtig als die Redeteile und das innere Gleichgewicht und die Bewegung innerhalb eines gegebenen Raumes.

So verstehen wir wissen wir dann was Prosa ist.

Aber was ist Poesie.

Ist es schwieriger oder nicht so schwierig zu wissen was Poesie ist. Ich habe zuweilen gedacht es ist schwieriger zu wissen was Poesie ist aber nun da ich weiß was Poesie ist und wenn ich weiß was Poesie ist dann ist es nicht schwieriger zu wissen was sie ist als zu wissen was Prosa ist.

Was ist Poesie.

Poesie hat mit Wortschatz zu tun gerade so wie Prosa es nicht hat.

So sehen Sie daß Prosa und Poesie ganz und gar nicht gleich sind. Sie sind vollkommen verschieden.

Poesie ist ich sage es vor allem Wortschatz gerade so wie Prosa es grundlegend nicht ist.

Und was ist der Wortschatz aus dem Poesie absolut besteht. Es ist ein Wortschatz ganz und gar auf dem Substantiv beruhend wie Prosa wesentlich und entschieden und kraftvoll nicht auf dem Substantiv beruht.

Poesie ist damit beschäftigt das Substantiv zu gebrauchen zu mißbrauchen, zu verlieren zu wollen, zu verleugnen zu vermeiden anzubeten zu ersetzen. Sie tut das tut das immer, tut das und tut nichts als das. Poesie tut nichts als Substantive gebrauchen verlieren zurückweisen und zufriedenstellen und betrügen und liebkosen. Das ist was Poesie tut, das ist was Poesie zu tun hat einerlei welche Art von Poesie es ist. Und es gibt sehr viele Arten von Poesie.

Als ich sagte.

Eine Rose ist eine Rose ist eine Rose ist eine Rose.

Und als ich das dann später zu einem Ring gemacht hatte, machte ich Poesie und was tat ich ich liebkoste liebkoste ganz und gar und wandte mich an ein Hauptwort.

Nun lassen Sie uns an Poesie denken an irgendeine Poesie alle Poesie und lassen Sie uns sehen ob das nicht so ist. Natürlich ist es so jeder kann das wissen.

Ich habe gesagt daß ein Hauptwort ein Name von jedem durch Definition ist das ist was es ist und ein Name von jedem ist nicht interessant weil wenn man einmal seinen Namen kennt die Freude es zu nennen vorüber ist und daher sind beim schreiben von Prosa Namen das heißt Substantive vollkommen uninteressant. Aber und das ist etwas woran man denken muß man kann einen Namen lieben und wenn man einen Namen liebt dann liebt man ihn wenn man ihn so und so oft sagt mehr, heftiger hartnäckiger quälender. Jeder weiß wie jeder den Namen desjenigen den er liebt, ausspricht. Und das eben ist Poesie wirklich den Namen von jedem zu lieben und das ist nicht Prosa. Ja jeder von Ihnen kann das wissen.

Poesie hat ebenso wie Prosa eine ganze Menge erlebt. Jeder oder jedes erlebt eine ganze Menge. Manchmal schloß sie alles ein und manchmal schließt sie nur sich selber ein und da kann es jede Möglichkeit von weniger oder mehr zu jeder Zeit ihres Daseins geben.

Natürlich als Poesie wirklich begann, schloß sie praktisch alles ein sie schloß Erzählung und Gefühle und Aufregungen und Substantive so viele Substantive und alle Emotionen ein. Sie schloß Erzählung ein aber jetzt schließt sie Erzählung nicht ein.

Ich frage mich oft wie ich je dazu kommen soll all das über Erzählung zu wissen was ich darüber wissen muß. Erzählung ist ein Problem für mich. Ich mache mir augenblicklich darüber viele Gedanken und ich will jetzt nicht darüber schreiben oder sprechen, weil ich mir noch zu viele Gedanken darüber mache Gedanken mache um zu wissen was es ist und wie es ist und wo es ist und wie es ist und wie es sein wird was es ist. Immerhin wie ich sage jetzt und zu dieser Zeit gehe ich nicht will ich nicht darauf eingehen. Es genügt zu sagen daß für das Anliegen von Poesie sie jetzt für eine lange Zeit überhaupt nichts mit dasein zu tun gehabt hat.

Vielleicht ist es ein Fehler vielleicht nicht daß es nicht mehr da ist.

Ich selber denke daß etwas anderes geschehen wird was Erzählung anbetrifft und ich arbeite augenblicklich sehr viel daran arbeite nicht sondern plage mich damit. Plagen ist vielleicht das bessere Wort für das was ich gerade jetzt tue was Erzählung anbetrifft. Um aber wieder zu Poesie zurückzukehren.

Poesie schloß also bei Beginn alles ein und es war natürlich daß sie es sollte weil damals wenn man alles einschloß was geschah es jedem wirklich gemacht werden konnte indem man das was geschah einfach beim Namen nannte mit anderen Worten indem man tat was Poesie immer tun muß wenn sie von Substantiven lebt.

Substantive sind der Name von jedem. Denken Sie an all jene frühe Poesie, denken Sie an Homer, denken Sie an Chaucer, denken Sie an die Bibel und Sie werden sehen was ich meine es wird Ihnen wirklich klar werden daß sie trunken waren von Substantiven, mit Namen zu nennen zu wissen wie Erde Meer und Himmel mit Namen zu nennen sind und all das war in ihnen war genug um sie mit Namen leben und lieben zu lassen, und das ist was Poesie ist es ist ein Zustand einen Namen zu wissen und zu fühlen. Ich weiß das jetzt aber ich bin zu diesem Wissen nur durch langes schreiben gekommen.

So also ist es wie ich sage das was Poesie war und allmählich wie jedermann die Namen von allem wußte, hatte Poesie weniger und weniger mit allem zu tun. Poesie änderte sich nicht, Poesie ändert sich nie, von Anfang an bis jetzt und immer in Zukunft wird sich Poesie mit dem Namen von Dingen beschäftigen. Die Namen mögen auf verschiedene Arten wiederholt werden und sehr bald will ich darauf eingehen aber jetzt und immer wird Poesie geschaffen durch das Nennen von Namen die Namen von irgend etwas die

Namen von irgend jemandem die Namen von jedem. Substantive sind die Namen von Dingen und so sind Substantive die Grundlage von Poesie.

Bevor wir überhaupt weitergehen, ist da noch eine andere Sache. Warum sind die Zeilen von Poesie kurz, so viel kürzer als Prosa, warum reimen sie sich, warum um sich selbst zu vervollständigen, müssen sie damit enden womit sie begannen, warum sind all diese Dinge die Dinge die Dinge die Essenz von Poesie sind selbst wenn die Poesie lang war selbst wenn jetzt die Poesie ihre Form geändert hat.

Einmal mehr ist die Antwort dieselbe und das heißt daß solch eine Art sich selbst auszudrücken die natürliche Art ist wenn man sich selbst ausdrückt den Namen von jedem liebend. Denken Sie daran was Sie tun wenn Sie das tun wenn Sie den Namen von jedem lieben seinen Namen wirklich lieben. Unvermeidlich drücken Sie sich selbst in jener Art aus, in der Art wie Poesie sich selbst ausdrückt das heißt in kurzen Zeilen im wiederholen von dem was Sie begannen um es wieder zu tun. Denken Sie daran wie Sie zu irgend etwas sprechen dessen Name neu für Sie ist einem Liebhaber einem Baby oder einem Hund oder einem neuen Land oder irgendeinem Teil davon. Wiederholen Sie nicht unvermeidlich was Sie aussprechen und geschieht dieses aussprechen nicht aus Notwendigkeit in kurzen Zeilen. Denken Sie darüber nach und Sie werden sehen was ich meine durch das was Sie fühlen.

So wie ich sage, ist Poesie im wesentlichen die Entdeckung, die Liebe, die Leidenschaft für den Namen von jedem.

Nun um darauf zurückzukommen wie ich weiß was ich von Poesie weiß.

Ich schrieb *The Making of Americans*, ich war völlig besessen von dem inneren Leben von allem einschließlich jedermanns Leben seit Generationen und ich schrieb Prosa,

Prosa die zu tun hatte mit ausgleichen dem inneren ausgleichen von allem. Ich habe Ihnen schon alles darüber erzählt. Und dann geschah etwas, und ich begann die Namen von Dingen zu entdecken, das heißt nicht die Namen zu entdecken sondern die Dinge zu entdecken die Dinge die zu sehen sind die Dinge die anzuschauen sind und indem ich das tat, mußte ich sie selbstverständlich mit Namen nennen ihnen nicht neue Namen geben aber sehen daß ich herausfinden konnte wie man wissen kann daß sie da waren durch ihre Namen oder durch ersetzen ihrer Namen. Und wie sollte ich das tun. Sie hatten ihre Namen und natürlich nannte ich sie bei den Namen die sie hatten und indem ich das tat nachdem ich begonnen hatte sie anzuschauen, nannte ich sie mit Leidenschaft bei ihren Namen und das machte Poesie, ich wollte nicht daß es Poesie mache aber es machte es, es machte *Tender Buttons*, und *Tender Buttons* war sehr gute Poesie es machte viel mehr Poesie, und ich will jetzt mehr und mehr darüber erzählen und wie es geschah.
Ich entdeckte dann alles und seinen Namen, entdeckte es und seinen Namen. Ich hatte es immer gewußt und seinen Namen aber dennoch habe ich es entdeckt.
Ich erinnere mich sehr gut daran daß mein Bruder und ich als ich ein kleines Mädchen war wie Kinder das zu tun pflegen die Liebesgedichte unseres sehr sehr viel älteren Bruders fanden. Dieser ältere Bruder hatte gerade eines geschrieben und es sagte daß er oft gesessen und irgend einen kleinen Grasfleck angeschaut hätte und das sei einfach ein Grasfleck gewesen wie Gras ist, aber jetzt war er verliebt und so war der kleine Grasfleck voller Vögel und Bienen und Schmetterlinge, Liebe machte den Unterschied. Das Gedicht war komisch wir und er wußten daß das Gedicht komisch war aber er hatte recht, verliebt sein brachte ihn dazu Poesie zu machen, und Poesie ließ ihn die Dinge und ihre Namen fühlen, und so wiederhole ich Substantive sind Poesie.

So also machte ich in *Tender Buttons* Poesie aber und es beunruhigte mich ernsthaft, dumpf wußte ich daß Substantive Poesie machen aber in Prosa brauchte ich nicht länger die Hilfe von Substantiven und brauchte ich in Poesie die Hilfe von Substantiven. Gab es nicht eine Art Dinge mit Namen zu nennen die nicht Namen erfinden würde, sondern Namen meinte ohne sie zu nennen.

Ich war immer sehr beeindruckt seit meiner frühesten Jugend als man mir erzählte und ich es dann später selber fühlte daß Shakespeare mit dem Wald von Arden einen Wald geschaffen hatte ohne die Dinge zu erwähnen die einen Wald machen. Man fühlt das alles aber er nennt nicht ihre Namen.

Nun das war etwas das auch ich in mir fühlte die Notwendigkeit es zu einer Sache zu machen die genannt werden könnte ohne ihren Namen zu gebrauchen. Schließlich hatte man ihren Namen den Namen von jedem seit so langem gekannt, und so war der Name nicht neu aber daß die Sache lebendig war, war immer neu.

Was war da zu tun.

In *Tender Buttons* versuchte ich in dieser Sache etwas zu tun. Ich hörte nicht auf zu versuchen diese Sache zu tun. Ich erinnere mich daß ich mir beim schreiben von *An Acquaintance With Description* [Eine Bekanntschaft mit Beschreibung] alles anschaute bis etwas das nicht der Name von jenem Ding war aber in einer Weise jenes tatsächliche Ding war dazu kam, geschrieben zu werden.

Natürlich, und man kann sagen daß es das ist was Walt Whitman machte natürlich machte das die Veränderung in der Form der Poesie, daß wir die wir die Namen so lange gewußt hatten keine Erregung spürten dadurch daß wir sie gerade kannten. Wir das heißt jedes lebende menschliche Wesen haben unvermeidlich dieses etwas zu fühlen daß alles existiert, aber der Name von jener Sache von jenem irgendetwas ist nicht mehr länger etwas das jemanden außer Kinder erregen könnte. So da jeder ein Dichter sein muß, was war da zu tun. Das was ich gerade beschrieben habe, das Erschaffen von etwas ohne es mit Namen zu nennen, war was die starre Form des Substantives brach die einfache Substantiv Poesie die nun gebrochen wurde.

Selbstverständlich wissen Sie alle daß ich wenn ich davon spreche alles zu benennen, Emotionen ebenso einschließe wie Dinge.

So da waren wir also und was sollten wir da tun. Weitergehen, selbstverständlich weitergehen was tut sonst jeder, ich tat es, ich ging weiter.

Selbstverständlich könnte man sagen warum nicht neue Namen erfinden neue Sprachen aber das kann nicht getan werden. Es braucht einen riesigen Aufwand innerer Notwendigkeit um nur ein Wort zu erfinden, man kann nachahmende Bewegungen und Emotionen erfinden, und in der poetischen Ausdrucksweise einiger Sprachen hat man das, die deutsche Sprache als Sprache leidet darunter daß das was die Wörter bedeuten zu sehr nach dem klingt was sie tun, und Kinder tun diese Dinge auf die eine oder andere Art von Erfindung aber das hat wirklich nichts mit Sprache zu tun. Sprache als etwas wirkliches ist nicht Nachahmung weder von Klängen noch von Farben noch von Emotionen sie ist eine geistige Wiedererschaffung und darüber ist kein Zweifel möglich und sie wird immer fortfahren das zu sein so lange die Menschheit irgend etwas ist. So muß jeder bei der Sprache bleiben seiner Sprache die dazu gekommen ist, gesprochen und geschrieben zu werden und die in sich die ganze Geschichte ihrer geistigen Wiedererschaffung hat.

Und so bestand für mich das Problem von Poesie darin und es begann mit *Tender Buttons* dieser Sache ständig inne zu werden jeder so daß ich jene Sache wieder erschaffen konnte. Ich kämpfte ich kämpfte verzweifelt mit der Wiedererschaffung und der Vermeidung von Substantiven als Substantive und doch während Poesie Poesie ist, sind Substantive Substantive. Lassen Sie mich Ihnen einiges aus dem *Portrait von Sherwood Anderson* lesen und aus *The Birthplace of Bonnes* [Der Geburtsort von Bonnes] um Ihnen zu zeigen was ich meine.

> Kann irgendeiner vom hinsehen erzählen welches Handtuch wir zum kochen wählen.
>
> *Portraits and Prayers.* Seite 162.

EIN ECHTER VALENTINE*

Sehr fein ist mein Valentine.
Sehr fein und sehr mein.
Sehr mein ist mein Valentine sehr mein und sehr fein.
Sehr fein ist mein Valentine und mein, sehr fein sehr mein und mein ist mein Valentine.

Portraits and Prayers. Seite 152.

BÜNDEL FÜR SIE
EINE GESCHICHTE VOM BÜNDEL GEBEN

Wir konnten feststellen daß jeder auf eine Weise ein Bündel trug, sie waren keine Plage für sie noch waren es alles Bündel da einige von ihnen Hühner waren einige von ihnen Fasane einige von ihnen Schafe und einige von ihnen Bündel, sie waren keine Plage für sie und dann hörten wir tat-

* Anm. d. Übers.: Hier ist um des Reimes willen «Valentine» Valentein auszusprechen. Ein Valentine ist ein am Valentinstage (14. Februar, an dem nach einer alten Sage die Vögel sich zu paaren beginnen) meist anonym abgesandtes Liebesbriefchen, oft in Form von Versen.

sächlich daß es die Haupterholung war und sie waren so hergerichtet daß sie nicht weggegeben wurden, und heute würden sie weggegeben.

Ich will sie nicht wieder anschauen.
Sie werden sie nicht wieder suchen.
Sie haben sie hier nicht wieder gesehen.
Sie sind dort drin und wir hören sie wieder.

In welcher Weise sind Sterne heller als sie sind. Wenn wir zu dieser Entscheidung gekommen sind. Wir erwähnen viele Tausende von Knospen. Und wenn ich meine Augen schließe, sehe ich sie.

Wenn du sie schnarchen hörst
Ist es nicht ehe du sie liebst
Du liebst sie so daß zu sein ihr *Beau* sehr reizend ist
Sie ist süß da ganz und gar und ihr lockig' Haar ist sehr reizend.
Sie ist sehr süß da und ich bin sehr nah und das ist sehr reizend.
Sie ist meine zarte Süße und ihre kleinen Füße sind schön ausgestreckt was ein Genuß ist und sehr reizend.
Ihre kleine zarte Nase ist zwischen ihren kleinen Augen die zum schließen taugen und sehr reizend sind.
Sie ist sehr reizend und mein was sehr reizend ist.

Portraits and Prayers. Seite 154.

Ich fand in längeren Sachen wie *Operas and Plays* und *Portraits* und *Lucy Church Amiably* und *An Acquaintance with Description* daß ich eher dazu kommen konnte Namen zu vermeiden indem ich etwas wiederschuf.
Das bringt uns auf die Frage wird Poesie weiterhin notwendigerweise kurz sein wie sie es gewesen ist wie wirklich

gute Poesie es während sehr langer Zeit gewesen ist. Vielleicht nicht und warum nicht.

Wenn genug neu für einen ist um es mit Namen zu nennen oder nicht mit Namen zu nennen und diese beiden Dinge auf das gleiche herauskommen, kann man lange genug damit fortfahren. Ja ich glaube es.

So ist denn Poesie bis zur heutigen Zeit eine Poesie von Substantiven gewesen eine Poesie des etwas benennens des wirklich jenes Ding benennens leidenschaftlich ganz und gar leidenschaftlich jenes Ding mit seinem Namen nennens.

Allmählich und vor allem während des neunzehnten Jahrhunderts des englischen neunzehnten Jahrhunderts war jeder dazu gekommen zu gut viel zu gut den Namen zu wissen den jedes Ding hatte wenn man es mit seinem Namen nannte.

Das ist etwas das unvermeidlich geschah. Und was sonst konnten sie tun. Sie mußten das weiter tun was sie taten, das heißt alles leidenschaftlich mit seinem Namen nennen aber wenn sie wie ich sage seinen Namen wirklich zu gut kannten, konnten sie es seinen Namen einfach auf jene Art nennen. Allmählich konnten sie es nicht.

Und dann kam Walt Whitman. Er wollte wollte wirklich die Sache ausdrücken und sie nicht mit ihrem Namen nennen. Er arbeitete sehr hart daran, und er nannte es *Leaves of Grass* [Grashalme] weil er wollte daß es ein möglichst wenig bekannter Name sei damit man sich um so leidenschaftlicher darauf beriefe. Ich weiß überhaupt nicht ob Whitman wußte daß er das tun wollte aber es besteht überhaupt kein Zweifel daß es das ist was er tun wollte.

Genau das andere Extrem haben Sie bei einem Dichter wie Longfellow, ich führe ihn an weil ein mittelmäßiger Dichter Ihnen rascher und klarer als ein besserer zeigt was die Grundlage von Poesie ist. Und Longfellow wußte alles über

das Aufrufen von Namen, er tat es im ganzen ohne Leidenschaft aber er tat es sehr gut.
In der Geschichte der Poesie hat es natürlich viele gegeben die ebenfalls versucht haben das Ding zu nennen ohne es mit Namen zu nennen, aber das ist nicht eine Geschichte über Dichter es ist ein erzählen was ich über Poesie weiß.
Und so all dies über Poesie wissend, kämpfte ich mehr und mehr mit dieser Sache. Ich sage ich wußte all dies über Poesie aber ich wußte damals nicht wirklich all dies über Poesie, ich begann damals damals zu wissen als ich schrieb, begann ich zu wissen was ich jetzt über Prosa weiß aber ich wußte damals nicht wußte wirklich nicht das was ich jetzt über Poesie weiß.
Und so kämpfte ich in *Tender Buttons* und dann weiter und weiter damit mich selbst von Substantiven zu befreien, ich wußte Substantive müssen aus Poesie verschwinden wie sie aus Prosa verschwunden waren wenn irgend etwas das heißt alles weiterhin etwas bedeuten sollte.
Und so fuhr ich fort mit diesem außerordentlichen Kampf des wissens des wirklich wissens was eine Sache ist es wirklich wissend alles wissend was ich sah alles was ich fühlte so daß sein Name etwas sein konnte, durch seinen Namen dazu kommend eine Sache in sich selbst zu sein wie es war aber würde nicht jedes einfach und nur wie ein Name sein. Ich frage mich ob Sie sehen was ich meine.
Was ich mit dem was ich gerade gesagt habe, meine, ist das. Ich mußte jedes und alles das für mich existierte so intensiv fühlen daß ich es im schreiben niederlegen konnte als eine Sache in sich selbst ohne überhaupt notwendigerweise seinen Namen benutzen zu müssen. Der Name einer Sache könnte etwas in sich selbst sein wenn er dazu kommen könnte wirklich genug zu sein aber nur als ein Name war es nicht etwas genügendes. Jedenfalls ist das die Art wie ich es fühlte und es noch immer fühle.

Und so focht ich einen sehr langen Kampf aus und in diesem Kampf begann Erzählung mich zu beunruhigen eine Erzählung von irgendetwas das geschah oder geschehen könnte.
Die Zeitungen erzählen uns davon aber sie erzählen es uns wie Substantive es uns erzählen das heißt sie nennen es, und indem sie es nennen, ist es als ein erzählen davon nicht mehr länger irgendetwas. Das ist es was eine Zeitung durch Definition ist gerade wie ein Substantiv ein Name durch Definition ist.
Und so begann ich allmählich etwas darüber zu wissen was Poesie ist. Und hier war die Frage wenn man in Poesie das Substantiv verlieren könnte wie ich es wirklich und wahrhaftig in Prosa verloren habe, würde da irgendein Unterschied zwischen Poesie und Prosa sein. Als diese Sache wieder einmal dazu kam in mir Zweifel zu erwecken, begann ich sehr hart an Poesie zu arbeiten.
Zu jener Zeit schrieb ich *Before the Flowers of Friendship Faded Friendship Faded* [Ehe die Blumen der Freundschaft verwelkten, verwelkte Freundschaft] und darin kehrte ich wieder zurück zu einer mehr oder weniger regelmäßigen Form um zu sehen ob ich innerhalb jener regelmäßigen Form das tun könnte von dem ich sicher war daß es getan werden müßte und auch um herauszufinden ob schließlich Prosa und Poesie eins seien oder nicht.
Beim schreiben dieses Gedichtes fand ich ich könnte sehr heiter ich könnte sehr lebendig in Poesie sein, ich könnte nur wenig Substantive in Poesie benutzen und so gut wie keine Namen in Poesie aufrufen und dennoch Poesie wirklich fühlen und tönen lassen wie Poesie, aber war es das was ich wollte das getan werden mußte. Doch es entschied nichts für mich aber es half mir auf meinem Weg.

XII

Ich bin sehr hungrig wenn ich trinke,
Ich muß es lassen wenn ich es festgehalten habe,

Sie werden weiß sein womit sie wissen daß sie sehen, daß dunkler läßt es sein eine Farbe weiß für mich, weiß wird nicht gezeigt wenn ich dunkel bin fürwahr mit roter Wut wer kommt wer etwas dafür tut daß sie mich ein wenig liegen lassen wie ich jetzt gerne liege ich gerne lebe ich gerne sterbe ich gerne liege und lebe und sterbe und lebe und sterbe und nach und nach lebe ich gerne und sterbe und nach nach und nach müssen sie nähen, der Unterschied ist daß nähen es macht zu Blut und so mit ihnen in der ganzen Art von Saat und säen es tut und mißvergnügt sein und sie wollen was ist mein und nicht ganz mein wen kann man sich darüber neugierig denken über all das das es nachher machte und dazu brachte es zu führen und es zu wiegen und zu trauern und darauf zu sitzen seine Reife zu kennen ohne alles davon im Stich zu lassen alles ohne welches es nicht geboren worden ist. O nein nicht durstig zu sein mit dem Durst von Hunger nicht allein zu wissen daß sie einfach und aßen oder Wünsche. Jeder Kleine wird sich selbst für Milch umbringen.

Before the Flowers of Friendship Faded Friendship Faded (Plain Edition). Seite 14.

XIV

Es könnte sehr hübsch zu sehen sein
Daß jede Taube hat ein Herz allein,
Jede sieht immer daß sie nicht getrennt sein könnten,
Ein kleiner See füllt Brunnen
Und in Brunnen kann man kein fließen sehen,
Und eine Taube hat das Bedürfnis zu fliegen
Und Wasser kann niedrig stehen,

Laß mich gehen.
Jede Woche ist was sie wollen
Wenn sie einen Schnabel teilen sollen.
Ich habe gern an der Wand ein Bild von Tauben
Und was tun sie,
Herzen sie haben
Getrennt sich tragen
Kleine Tauben sind reizend
Aber nicht wenn sie klein sind und verlassen.

Before the Flowers of Friendship Faded Friendship Faded (Plain Edition). Seite 16.

Ich beschloß und *Lucy Church Amiably* war ein Versuch gewesen es zu tun, ich beschloß daß würde man das Substantiv endgültig vollständig ersetzen durch das Ding an sich, es schließlich dazu käme Poesie zu sein und nicht Prosa die mit allem zu tun haben müßte was nicht Bewegung im Raum ist. Form könnte nicht mehr länger alles entscheiden, Erzählung das heißt nicht Zeitungserzählung sondern wirkliche Erzählung muß notwendigerweise von jedem erzählt werden der zu der Erkenntnis gekommen ist daß das Substantiv ersetzt werden muß nicht durch inneres Gleichgewicht sondern durch das Ding an sich und das wird schließlich zu allem führen. Ich arbeite an dieser Sache und was wird es tun das weiß ich nicht aber ich hoffe daß ich es wissen werde. In *Four in America* [Vier in Amerika] fuhr ich fort damit zu beginnen aber ich bin sicher daß in diesem da ist was da ist daß es notwendig ist es zu tun wenn man irgend etwas tun muß oder alles. Sehen Sie was ich meine. Nun auf jeden Fall ist das die Art wie ich es jetzt empfinde, und das ist alles was ich weiß, und ich glaube an alles wissen was ich weiß über Prosa und Poesie. Der Rest wird erheblich später kommen.

Kurzbiographie

Gertrude Stein, geboren 1874 in Alleghany, Pennsylvania/USA. Studierte 1893–1900 in Baltimore Philosophie bei William James, brach ihr anschließendes Medizin- und Psychologiestudium ab und ging nach Europa. Siedelte 1903 nach Paris über, wo sie mit wenigen Unterbrechungen bis zu ihrem Tod 1946 lebte.

Gertrude Stein
keine keiner
Ein Kriminalroman
Aus dem Amerikanischen
und mit einem Vorwort von Renate Stendhal
Herausgegeben und mit einem Nachwort
von John Herbert Gill
125 S. Fotos. Geb.

Was geschah in dem Landhaus? Warum lag Blut auf dem Eßzimmerboden? Was geschah in dem Hotel? Warum lag die Frau des Hoteliers tot auf dem Zementfußboden? Und was hat die Schwester des Gartengestalters damit zu tun? ›Blood on the Dining-Room Floor‹ oder ›keine keiner‹ ist der erste und einzige Kriminalroman, den Gertrude Stein geschrieben hat, und er ist eine Entdeckung.